DAS LEXIKON
FÜR DIE
DIGITALE WELT

Mehr als
1.000 Begriffe
einfach erklärt

Verein für Konsumenteninformation (Hrsg.)
Gernot Schönfeldinger

DAS LEXIKON FÜR DIE DIGITALE WELT

Impressum

Herausgeber
Verein für Konsumenteninformation (VKI)
Linke Wienzeile 18, A-1060 Wien
ZVR-Zahl 389759993
Tel. 01 588 77-0, Fax 01 588 77-73, E-Mail: konsument@vki.at
www.vki.at | www.konsument.at

Geschäftsführung
Mag. (FH) Wolfgang Hermann

Autor
Mag. Gernot Schönfeldinger

Fachliche Beratung
Joti Bomrah, MSc

Grafik/Produktion
Günter Hoy

Druck
Holzhausen/Gerin Druck GmbH,
2120 Wolkersdorf

Bestellungen
KONSUMENT Kundenservice
Mariahilfer Straße 81, A-1060 Wien
Tel. 01 588 774, Fax 01 588 77-72
E-Mail: kundenservice@konsument.at

Wir sind bemüht, so weit wie möglich geschlechtsneutrale Formulierungen zu verwenden. Wo uns dies nicht gelingt, gelten die entsprechenden Begriffe im Sinne der Gleichbehandlung grundsätzlich für beide Geschlechter.

Bibliografische Information der Deutschen Nationalbibliothek
Die Deutsche Nationalbibliothek verzeichnet diese Publikation in der Deutschen Nationalbibliografie; detaillierte bibliografische Daten sind im Internet über http://dnb.d-nb.de abrufbar.

Verein für
Konsumenteninformation
ISBN 978-3-99013-096-4

€ 19,90

Zu diesem Buch

Liebe Leser!

Wer mit Computer, Smartphone und Internet aufgewachsen ist, tut sich beim alltäglichen Umgang damit entsprechend leicht. Dasselbe gilt für die vielen dazugehörigen Begriffe, die meist aus dem Englischen stammen oder als Neuschöpfungen an englische Wörter angelehnt sind.

Trotzdem ist die Handhabung der „neuen Medien" erlernbar. Mit unseren in der Vergangenheit erschienenen Büchern, von denen Sie auf dieser Seite eine Auswahl abgebildet sehen, haben wir uns immer redlich bemüht, einen nützlichen Beitrag dazu zu leisten (siehe auch ► Seite 189ff).

Aber auch das technische Vokabular ist keine Geheimsprache. Es geht ja niemals darum, erklären zu können, wie die Dinge funktionieren – das können viele, die damit aufgewachsen sind, ebenso wenig. Entscheidend ist, zu verstehen, was mit einem bestimmten Begriff gemeint ist. Und schon wird so manches, das davor unverständlich erschien, entschlüsselt.

Genau das ist die Idee hinter diesem Technik-Lexikon, nämlich ein hilfreicher, informativer Zugangsschlüssel zur digitalen Welt zu sein. Rund 1.200 gängige Begriffe werden auf einfache und verständliche Weise erklärt. Ergänzend dazu gibt es zu jedem fremdsprachigen Begriff eine lautmalerische Aussprachehilfe.

Nutzen Sie ab sofort nicht nur die neuen technischen Möglichkeiten zu Ihrem Vorteil, sondern schlagen Sie nach und reden Sie mit!

Ihr KONSUMENT-Team

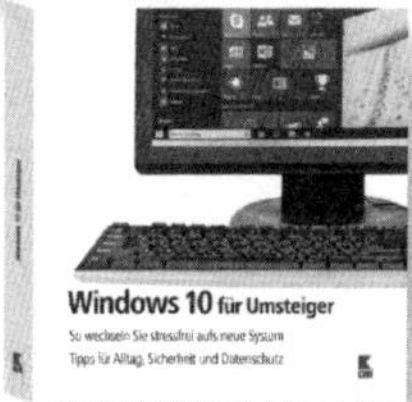

Das Lexikon für die digitale Welt

Mehr als 1.000 Begriffe aus den Bereichen Computer, Smartphone, Internet und Smart-TV einfach und verständlich erklärt.

Benutzungshinweise

Die **eckigen Klammern [ ]** enthalten keine standardisierte Lautschrift; sie geben nur lautmalerisch die annähernde Aussprache der erklärten Begriffe wieder.

Das **Sonderzeichen „θ"** steht für den englischen „th"-Laut [tih-äjtsch], für den es im Deutschen keine Entsprechung gibt. Er wird erzeugt, indem man ein stimmloses „s" spricht, während man die Zungenspitze zwischen die Zähne steckt.

Die in der Lautschrift verwendeten, im Deutschen sonst unüblichen **Doppellaute** wie „oa", „ou", „uo", „uä" oder „äa" werden wie unser „au" oder „ei" gebunden ausgesprochen.

Unterstreichungen kennzeichnen die betonten Buchstaben bzw. Silben.

Auch wenn wir im Deutschen das Bedürfnis nach einer konkreten Einordnung haben: Nicht jedem aus dem Englischen stammenden Begriff ist bei uns ein **bestimmter Artikel** (der, die, das) und somit ein Geschlecht zugewiesen; oder es sind mangels verbindlicher Festlegung zwei verschiedene Geschlechter dafür in Verwendung.

Ein **schwarzer Pfeil ►** vor einem Wort verweist auf ein weiterführendes Stichwort.

Ergänzungsvorschläge und **konstruktive Kritik** bitte mit dem Betreff „Technik-Lexikon" per E-Mail an: **konsument@vki.at**

@

► Klammeraffe

1080i/1080p

Die Zahl 1080 steht für das hochauflösende Fernsehen in Full HD mit 1.920 x 1.080 Pixel (► Auflösung) und findet sich oft bei den technischen Angaben von TV-Geräten. Interessant ist der Unterschied zwischen den beiden dahinter stehenden Buchstaben p bzw. i. Das p steht für **progressiv**, was bedeutet, dass die Einzelbilder, aus denen ein Bewegtbild besteht, jeweils vollständig (= als Vollbilder) aufgebaut werden. Dies erfolgt 25 Mal pro Sekunde. Im Unterschied dazu bedeutet 1080i, dass der Bildaufbau 50 Mal pro Sekunde (= mit einer Frequenz von 50 **Hertz/Hz**) in Form von zwei Halbbildern erfolgt. Dabei wird immer nur jede zweite Zeile übertragen (zuerst die ungeraden, dann die geraden Zeilennummern). Das TV-Bild ist also die Hälfte der Zeit nicht vollständig. Der Buchstabe i steht für **Interlace** [intaläjß], das sogenannte **Zeilensprungverfahren**. Bis zu einem gewissen Grad nimmt das menschliche Auge diese Zeilensprünge nicht wahr, bei großformatigen Bildschirmen kann aber ein leichtes Flimmern auftreten. Die 1080p-Technologie hat bei den aktuellen TV-Geräten 1080i sowie das früher weit verbreitete **720p** (1280 x 720 Pixel = HD-Auflösung) abgelöst. Sie sind also für den optimalen Empfang von Full HD vorbereitet. Unabhängig davon strahlen allerdings viele TV-Anstalten ihr Programm bis auf Weiteres in 720p und fallweise in 1080i aus. 720p wird zwar zwecks vollformatiger Darstellung vom TV-Gerät künstlich auf Full HD „aufgeblasen", liefert zum Teil aber trotzdem die besseren Ergebnisse, weil es sich um Vollbilder handelt und zwar in jener originalen Auflösung, wie sie auch von der Kamera aufgenommen werden. 1080i wird mitunter als subjektiv schärfer empfunden, kann aber vor allem bei schnellen Bewegungen (z.B. bei Sportübertragungen) zu unsauberen Bildern führen. Wünschenswert wären natürlich Übertragungen in 1080p, aber das ist eine Frage der Kosten und der verfügbaren ► Bandbreite. Bitte beachten Sie im Zusammenhang mit TV-Geräten/TV-Empfang auch das Stichwort ► Auflösung.

128-Bit-Verschlüsselung

► Verschlüsselung

2.0

► Web 2.0

2,4 GHz ► WLAN

256-Bit-Verschlüsselung ► Verschlüsselung

2D Zweidimensional, also z.B. ein herkömmliches Papierfoto.

32-Bit ► 64-Bit

3D Dreidimensional. Hier kommt als dritte Dimension die räumliche Tiefe hinzu.

3G ► Mobilfunkstandard

4.0 ► Web 2.0

4D Vierdimensional. Die sogenannte vierte Dimension wird vor allem in speziell ausgestatteten Kinosälen eingesetzt. Es handelt sich dann um einen dreidimensionalen Film (► 3D) mit Spezialeffekten wie etwa Sitzen, die sich bewegen, künstlichem Wind und Regen oder Düften, die im Raum versprüht werden.

4G ► Mobilfunkstandard

4k ► Auflösung

5G ► Mobilfunkstandard

5 GHz ► WLAN

50 Hertz ► 1080i/1080p

50 Hz ► 1080i/1080p

64-Bit Aussprache: deutsch, wie geschrieben. Vor allem Nutzer von älteren Windows-Computern werden manchmal damit konfrontiert, dass es vom ► Betriebssystem bzw. von einigen Programmen eine **32-Bit**- und eine

64-Bit-Version gibt. Im Prinzip geht es darum, dass die aktuellere 64-Bit-Version effizienter mit dem vorhandenen ► Arbeitsspeicher umgehen kann und der Computer dadurch schneller ist. Die Grundvoraussetzungen sind ein 64-Bit-geeigneter ► Prozessor sowie mindestens 4 Gigabyte ► Arbeitsspeicher. Nur dann können Sie überhaupt die 64-Bit-Version von Windows installieren, und nur wenn diese vorhanden ist, ist die 64-Bit-Version von Programmen die richtige Wahl. 32-Bit-Programme laufen aber auf jeden Fall auch auf einem 64-Bit-System. Die entsprechenden technischen Informationen über Ihren Computer finden Sie unter Windows 10 in den „Einstellungen" unter „System" und „Info".

720p
► 1080i/1080p

802.11
► WLAN

8k
► Auflösung

AAC
► MPEG-4

abgreifen
► Daten abgreifen

Access Point
der [äkßess pojnt]. Zugangspunkt. Auch: **Wireless Access Point**, von (engl.) wireless [uajaless] = drahtlos. Ein Access Point, kurz: AP (äj pih), ist ein Gerät, das anderen Geräten den kabellosen Zugriff auf ein ► Netzwerk und in der Folge auf das ► Internet ermöglicht. Streng genommen ist ein Access Point nicht mit einem ► Router identisch. Die meisten heutigen Router erfüllen allerdings als Kombigeräte auch diese Aufgabe.

Account
der oder das, ► Benutzerkonto

Adblocker
der, ► Werbeblocker

Add-on
das, ► Erweiterung

Admin
der, ► Administrator

Administrator der. Kurzform: Admin. Ein Administrator im Computer- und Internetbereich ist eine Person, die das gesamte System (**Systemadministrator**) oder einen Teil davon (z.B. **Netzwerkadministrator**) plant, überwacht und wartet. Jedes Firmennetzwerk (► Netzwerk) hat üblicherweise einen Administrator. Dieser besitzt umfassende Zugriffsberechtigungen, die einem normalen Nutzer verwehrt sind.

Administratorkonto das, ► Benutzerkonto

Adobe [ädoubi]. Im deutschsprachigen Raum meist vereinfacht [adobe] ausgesprochen. Adobe ist der Name einer traditionsreichen US-amerikanischen ► Software-Firma und bezeichnet im Englischen einen Lehmziegel. Der Firmengründer hat den Namen von einem Bach in seiner Wohnumgebung entlehnt. Ein häufig verwendetes kostenloses Programm dieses Anbieters ist der **Adobe Acrobat Reader DC**. (Engl.) acrobat [äkrobät] = Akrobat; reader [rihda] = Leser, Lesegerät; DC [dih-ßih] ist die Abkürzung von Document Cloud [dockjument klaud] = wörtlich: Dokumentenwolke (► Cloud). Im allgemeinen Sprachgebrauch hat sich aber der ursprüngliche Name **Adobe Reader** verfestigt und wird weiterhin verwendet. Mit diesem Programm kann man ► Dateien im ► PDF-Format öffnen und auf dem Bildschirm anzeigen. Lautet die Bezeichnung hingegen Adobe Acrobat Pro, handelt es sich um die mit zusätzlichen Funktionen ausgestattete kostenpflichtige Version. Ein weiteres bekanntes Produkt der Firma Adobe ist das Bildbearbeitungsprogramm **Photoshop** = wörtlich: Fotogeschäft. Dieses wird bei uns fast immer in einer eingedeutschten Form ausgesprochen: [fotoschopp] statt [foutouschopp].Stark an Bedeutung verloren hat hingegen der **Flash Player** [fläsch pläija]. Von (engl.) flash = Blitz und player = Spieler (im Sinn von Abspielgerät, siehe ► Player, Definition 1). Das altgediente, kostenlose Programm zur Wiedergabe multimedialer ► Inhalte (z.B. Videos, animierte Grafiken, Computerspiele) aus dem ► Internet wurde mittlerweile weitgehend durch modernere und sicherere Lösungen ersetzt, z.B. HTML5 (► HTML). Wer einen ► E-Book-Reader nutzt, kommt mit dem Kopierschutz **Adobe DRM** in Berührung (► DRM) sowie mit der damit verknüpften Lesesoftware **Adobe Digital Editions** [didschitäl edischns] = digitale (Buch-)Ausgaben.

Adobe Acrobat Reader DC der, ► Adobe

Adobe Digital Editions ► Adobe, ► E-Book

Adobe DRM ► Adobe, ► E-Book, ► DRM

Adobe Reader der, ► Adobe

ADSL ► Festnetz-Internet

Adware die [äd-uäa]. Zusammengesetzt aus (engl.) ad = Werbung und ► Software. Adware ist kostenlos und keine ► Schadsoftware im eigentlichen Sinn. Neben ihrer versprochenen Funktion blendet sie Werbung ein oder installiert ein zusätzliches Programm, welches diesem Zweck dient. Zum Teil kann man gegen Bezahlung eine werbefreie Version kaufen. Dieses schon relativ alte Geschäftsmodell ist heutzutage bei den ► Apps fürs ► Smartphone sehr beliebt (siehe auch ► In-App-Kauf). Man spricht hier aber nicht von Adware, sondern von werbefinanzierten Apps.

AES ► Verschlüsselung; ► WLAN

A-GPS ► GPS

AI ► Künstliche Intelligenz

AirDrop ► WiFi-Direct

AirPrint [ääprint]. Eine von der Firma ► Apple entwickelte Technologie. AirPrint ermöglicht das kabellose Drucken im Heimnetzwerk (► Netzwerk) von allen Apple-Geräten aus. Es muss kein zusätzlicher ► Treiber installiert werden. Die meisten aktuellen Druckermodelle haben AirPrint standardmäßig eingebaut.

Aktivbox die, auch: **Aktivlautsprecher**. Ein Lautsprecher mit eingebautem Verstärker und Lautstärkeregelung zur Erzielung einer besseren Klangqualität, z.B. bei der Musikwiedergabe über den Computer. Das Gegenteil davon ist die **Passivbox**/der **Passivlautsprecher**. Dieser kann nicht direkt am Gerät betrieben werden, sondern muss an einen externen Verstärker angeschlossen werden. Das Wort ► Box bezeichnet genau genommen nur die kistenartige Hülle, in der die Technik installiert ist und ist die Kurzform von Lautsprecherbox. Box wird aber in der Umgangssprache meist gleichbedeutend mit Lautsprecher verwendet.

Aktivitätsverlauf der, ► Timeline

Aktivlautsprecher der, ► Aktivbox

Aktualisierung die, ► Update

Algorithmus der. Ein Algorithmus ist eine genau festgelegte Vorgangsweise, die aus einzelnen, aufeinanderfolgenden Schritten besteht. Am Ende steht die Lösung eines Problems. Algorithmen sind nicht nur in Computerprogrammen enthalten, auch eine gedruckte Bedienungsanleitung entspricht diesem Prinzip, das bereits seit Jahrhunderten zur Anwendung kommt. Auf jeden Fall spielen Algorithmen speziell in unserer Zeit des ungebremsten Datensammelns eine wichtige Rolle. Mit ihrer Hilfe kann man auch sehr große Datenbestände rasch nach bestimmten Kriterien durchsuchen und ordnen.

Alexa ► Sprachassistent

Alias-Adresse die, ► E-Mail-Alias

AliExpress Ein in China beheimateter, international tätiger Online-Marktplatz (► online). Eine Handelsplattform, auf der unzählige kleinere Händler und Einzelpersonen Produkte aller Art zum Verkauf anbieten. Anders als ► Amazon ist AliExpress ausschließlich Vermittler und verkauft nicht selbst.

All-in-one-PC der, ► PC

Alphabet ► Google

alternativer Messenger ► Instant Messenger

alternative Suchmaschine die, ► Suchmaschine

Amazon [ämäson] (mit stimmhaftem „s“) bzw. bei uns oft auch [ama-tson]. Amazon bezeichnet im Englischen sowohl den Amazonas-Fluss als auch die sagenhaften antiken Kriegerinnen, die Amazonen. Wer heute von Amazon spricht, meint meistens den US-amerikanischen Konzern, der mittlerweile in vielen Bereichen tätig ist. Zunächst ist Amazon der weltweit größte Online-Händler (► online) mit einem riesigen Angebot. Daneben gibt es mit dem Marketplace [mahkettpläjß] = Marktplatz eine Handelsplattform, auf der Händler ihre Waren selbst anbieten und verkaufen können. Weiters hat Amazon ein umfangreiches ► Streaming-Angebot mit Filmen, Serien und Musik. Dazu kommen noch ► E-Books und ein ► Cloud-Service für private und kommerzielle Nutzer. Die sogenannten Prime-Kunden [prajm-], die eine kostenpflichtige Jahresmitgliedschaft haben, genießen diverse Prime-Vorteile wie kostenlose Lieferung, Zugriff auf das Streaming-Angebot oder unbegrenzten Online-Speicherplatz für Fotos. Der Begriff Prime bedeutet in diesem Zusammenhang dasselbe wie Premium, unterstreicht also das Besondere, das Hochwertige.

Amazon Alexa ► Sprachassistent

Amazon Drive ► Cloud

Amazon Fire TV ► Streaming

AMD [äj-äm-dih] bzw. im deutschsprachigen Raum meist [ah-em-deh]. US-amerikanischer Hersteller von ► Prozessoren und ► Grafikkarten. Bekannte Markennamen für AMD-Prozessoren sind Ryzen [rajsen] in der

Topklasse und Athlon [ahtlon] im preisgünstigeren Segment. AMD gilt als Hauptkonkurrent der Firma ► Intel.

AMOLED ► Bildschirmtechnologie

analog Vereinfacht gesprochen ist all das analog, was bereits vor dem Computerzeitalter existiert hat: ein gedrucktes Buch, ein Papierfoto, das klassische Ziffernblatt einer Uhr, eine Musik- oder Videocassette, die Übertragung von Radio- und TV-Programmen mittels Funksignalen.

Android [andro-id] bzw. bei englischer Aussprache [ändrojd]. Ein zu ► Google gehörendes mobiles ► Betriebssystem für ► Smartphones, ► Tablets, ► Smartwatches und ► Smart-TVs.

Animoji das, ► Emoticon

Anhang der, ► Attachment

Antivirenprogramm das, ► Virenschutz

Antivirus der, ► Virenschutz

Anwendung die. Ein anderer Begriff für Computerprogramm oder ► App. Genau genommen handelt es sich um die Kurzform von Anwendungsprogramm oder Anwendungssoftware (► Software). Der Begriff bezeichnet jene Programme, welche die Computernutzer regelmäßig verwenden und die ihnen dabei helfen, die alltäglichen Aufgaben zu lösen.

App die [äpp], seltener [app]. Kurzform von (engl.) application [äpplikäjschen] oder [applikäjschen] = Applikation, ► Anwendung, Programm (siehe auch die Stichwörter ► Programmiersprache und ► Software). Technisch gesehen gibt es gewisse Unterschiede zwischen App und Programm. Für die tägliche Nutzung sind diese aber unwichtig und die Begriffe werden mittlerweile gleichbedeutend verwendet. Eine App ist jedenfalls ein kleines Programm zum Herunterladen (► Download), das den Funktionsumfang eines ► Smartphones, Computers oder ► Smart-TVs erweitert. Dabei kann es sich um einen Wetterdienst handeln, um Navigationssoftware, Fotosoftware, Nachrichtenangebote, Spiele etc. Apps werden für jedes ► Betriebssystem bzw. jede Geräteart gesondert konzipiert. Man findet sie in einem ► App-Store im ► Internet. Es gibt kostenlose und kostenpflichtige Apps. Die kostenlosen werden oft über eingeblendete Werbung finanziert, bei den kostenpflichtigen unterscheidet man zwischen Einmalkauf und Abo-Modellen mit meist monatlichen oder jährlichen Zahlungen.

Apple

[äppl]. Zu deutsch: Apfel. US-amerikanisches Technologieunternehmen, gegründet 1976. Einer der Gründer und langjähriger Firmenchef war Steve Jobs [ßtihw dschobs] (1955-2011). Frühe, wenn auch relativ bescheidene Erfolge feierte Apple mit dem ersten ► PC. Man entschied sich für die Bezeichnung Macintosh [mäckintosch], hergeleitet von der gleichnamigen Apfelsorte. Die Apple-Computer sind bis heute unter der Abkürzung **Mac** [mäck] bekannt, wie etwa der All-in-One-PC **iMac** [ajmäck] oder die Notebook-Reihe **MacBook** [mäckbuck]. (Eine Beschreibung der unterschiedlichen Computer-Bauformen finden Sie unter dem Lexikoneintrag ► PC).Zur Hochblüte gelangte Apple erst ab 2001 mit dem tragbaren Musik-Player (► Player, Definition 1) **iPod** [ajpodd] (engl. pod = Kapsel), ab 2007 mit dem **iPhone** [ajfoun], also dem Apple-eigenen ► Smartphone, und ab 2010 mit dem ► Tablet namens **iPad** [ajpäd] (engl. pad = Schreibblock). Sehr erfolgreich ist Apple außerdem mit seinem ► App-Store für iPhone und iPad sowie dem großen Angebot an Büchern, Musik und Videos zum Kaufen und Leihen.

Apple Bonjour

[äppl bohn-schuhr]. (Franz.) bonjour = Guten Tag. Ein Computerprogramm der Firma ► Apple, das als sogenanntes Dienstprogramm im Hintergrund läuft und dazu dient, in einem ► Netzwerk die Verbindung zu anderen Geräten herzustellen. Apple Bonjour wird standardmäßig mit anderer ► Software von Apple mitinstalliert, z.B. wenn man das Musikverwaltungsprogramm iTunes [ajtjuhns] verwendet.

Apple Watch

die, ► Smartwatch

Apple TV ► Streaming

App-Store der, [äpp-ßtoa], seltener [app-ßtoa]. Zusammengesetzt aus ► App und (engl.) store = Geschäft, Laden. Ein Ort im ► Internet, wo jeweils Apps für ein bestimmtes ► Betriebssystem zum ► Download angeboten werden. Den passenden App-Store erreicht man über eine eigene App, die auf dem ► Smartphone, Computer oder ► Smart-TV bereits vorinstalliert ist.

APU ► Grafikkarte

AR ► Augmented Reality

Arbeitsspeicher der. Auch bekannt als **RAM** (im Deutschen als ein Wort ausgesprochen). Eigentlich ist RAM die Abkürzung von Random Access Memory [rändom äkßess memmori]. Dies lässt sich etwas sperrig mit Direktzugriffsspeicher übersetzen. Der Arbeitsspeicher erfüllt in Computern, ► Smartphones und anderen elektronischen Geräten eine wichtige Aufgabe. In ihm werden die Daten, die von einem Programm gerade abgearbeitet werden, zwischengespeichert. Je mehr Arbeitsspeicher zur Verfügung steht, desto höher ist die Arbeitsgeschwindigkeit. Mehr RAM ist daher sinnvoller als ein schnellerer ► Prozessor. 4 Gigabyte (GB) RAM gelten für einen Computer derzeit als Minimum. Besser sind 8 oder 16 GB. Aktuell ist der Typ DDR4-SDRAM. **SDRAM** [es-deh ram] bezeichnet jene Art von Speicherbaustein (= Speichermodul), die sich im Lauf der Zeit durchgesetzt hat. **DDR** (ausgesprochen wie das ehemalige Ostdeutschland) ist ein Verfahren zur Beschleunigung der Datenübertragung (die jeweils langsameren Vorgängerversionen waren DDR, DDR1, DDR2 und DDR3, während DDR5 in den Startlöchern steht). Es ist nicht wichtig, weitere Details zu kennen, aber beim Computerkauf wird man mit Bezeichnungen wie „8 GB DDR4-SDRAM" konfrontiert. Eine andere, allgemeine Bezeichnung für diese Art von Speicherbaustein ist **DIMM**, gesprochen als ein Wort. Man kann es mit „zweireihiges Speichermodul" übersetzen. In Notebooks kommt es als **SO-DIMM** [es-oh-dimm] zum Einsatz. Der Zusatz SO bezieht sich auf die besonders kompakte Bauform.

Artificial Intelligence
die, ► Künstliche Intelligenz

ASCII
[äski] oder deutsch [aski]. Abkürzung von American Standard Code for Information Interchange [ämerikän ßtandard koud foa infoamäjschen inter-tschäjnsch] = Amerikanischer Standardcode für Informationsaustausch. Der ASCII-Code definiert seit den 1960er-Jahren 128 Zeichen (Buchstaben, Ziffern, Interpunktions- und Sonderzeichen) für den Computerbereich, die im Großen und Ganzen dem englischsprachigen Zeichensatz einer Schreibmaschine entsprechen. Von diesem ASCII-Code gibt es dann anderssprachliche Varianten, die aber aufgrund der limitierten Zeichenanzahl an ihre Grenzen stoßen. Um möglichst allen Sprachen und allen darin existierenden Zeichen gerecht zu werden, wurde der **Unicode** [junikoud] geschaffen. Er ist auch die Basis für die heute gebräuchlichen Emojis (► Emoticons).

Assistant
► Sprachassistent

asymmetrische Verschlüsselung
die, ► Verschlüsselung

Athlon
► AMD

Attachment
das, [ätätschment]. Der **Anhang**, **E-Mail-Anhang**. Englische Bezeichnung für eine ► Datei, die an eine ► E-Mail angehängt wird, also gemeinsam mit dieser verschickt wird.

Audio-
Ton-, z.B. in Audiodatei, Audiocassette, Audiokabel, Audioreceiver (► Receiver)

aufhängen
Umgangssprachlich sagt man, dass sich ein Gerät oder ein Programm aufgehängt hat, wenn es dauerhaft nicht mehr reagiert, also sozusagen eingefroren ist. Bei Geräten ist dann meist ein Neustart nötig, bei Programmen unter ► Windows kann der ► Task-Manager helfen.

Audiochat
der, ► Chat

Auflösung

die. Auch: **Bildauflösung**. Diese wird allgemein definiert durch die Gesamtanzahl der **Bildpunkte**, (engl.) **Pixel** [picksl], aus denen sich ein Bild zusammensetzt. Vereinfacht gesagt gilt: Je mehr Pixel vorhanden sind, desto höher ist die Auflösung und desto schärfer ist das Bild. Um die Auflösung zu berechnen, wird die Anzahl der Bildpunkte pro Zeile (horizontal) mit der Anzahl pro Spalte (vertikal) multipliziert. Das Ergebnis wird in Millionen Pixel = Megapixel (MP) angegeben. In der Folge müssen wir differenzieren:

1.) Eine große Rolle spielt die Auflösung in der Fotografie. Details dazu finden Sie unter dem Lexikoneintrag ► Pixel.

2.) Hier an dieser Stelle befassen wir uns nun mit der Auflösung im Zusammenhang mit TV-Geräten, Computerbildschirmen und Videoaufnahmen. Für bestimmte Auflösungen gibt es bestimmte Bezeichnungen, denen man am Markt begegnet. Fast immer steckt der Begriff definition [definischn] darin, der zwar auch Definition bedeutet, aber zugleich das englische Wort für Bildauflösung ist. Jahrzehntelang dominierte der klassische Röhrenfernseher mit Standardauflösung (**SD** [es-deh]) von 720 x 576 Pixel. Die ist allerdings Geschichte und begegnet uns nur noch in Form alter Filme oder TV-Sendungen aus dem Archiv, die auf modernen Geräten in mäßiger Qualität wiedergegeben werden. Denn wo von Haus aus wenig Auflösung vorhanden ist, kann man auch mit technischen Mitteln nichts zusätzlich herausholen. Als Weiterentwicklung folgte **High Definition** [haj definischn] = wörtlich: Hochauflösung (**HD** [ha-deh]). Bei preisgünstigen TV-Geräten findet man HD manchmal noch in der Bezeichnung **HD-ready**, von (engl.) ready [reddi] = bereit. Solange es sich nur um ein (nicht zu großes) Zweitgerät handelt, ist das akzeptabel. Man muss lediglich wissen, dass ein solches Gerät keine volle HD-Auflösung liefern kann = (engl.) **Full HD** [fuhl ha-deh]. Full HD (1.920 x 1.080 Pixel) ist heutzutage Standard – und das sicher noch für Jahre. Tatsache ist nämlich, dass die meisten Fernsehanstalten aus Kostengründen auch in absehbarer Zukunft gar nicht in echter, sondern in künstlich hochgerechneter Full-HD-Auflösung senden werden. Das heißt, die Ausstrahlung erfolgt lediglich mit 1.280 x 720 Pixel, den Rest erledigt die Technik (► 1080i/1080p). Deshalb ist das noch modernere **Ultra HD** [ultra hahdeh], das eine doppelt so hohe Auflösung wie Full HD bietet, beim Großteil der TV-Sender erst recht kein Thema. Ultra HD wird auch **4K** genannt.

Technisch gesehen, sind Ultra HD und 4K zwar nicht identisch, die Werbung vermischt aber beide Begriffe. Der höhere Anschaffungspreis für ein Ultra-HD-Gerät lohnt sich jedenfalls nur, wenn Sie regelmäßig ► Streaming-Dienste nutzen oder einen UHD-Blu-ray-Player (► Blu-ray) besitzen – und auch in diesen Fällen ist die Auswahl an Ultra-HD-Filmen beschränkt. Auf jeden Fall sollten Sie beim Kauf eines Ultra-HD-Fernsehers darauf achten, dass er über echtes ► HDR verfügt. Die Hersteller haben übrigens auch schon **8K** parat, mit einer sechzehn Mal höheren Auflösung als Full HD. Allerdings ist es momentan nicht sinnvoll, über eine solche Anschaffung überhaupt nachzudenken. Bitte beachten Sie als Ergänzung zum Stichwort Auflösung auch den Lexikoneintrag ► 1080i/1080p zum Thema TV-Übertragung/TV-Empfang.

Aufsetzen

das, ► Installation

Augmented Reality

[ogmented riäliti]. Kurz: **AR** [äi-ahr bzw. deutsch ah-err ausgesprochen]. Bei uns ist sowohl der englische Begriff als auch die wörtliche Übersetzung „erweiterte Realität" in Verwendung. Die Möglichkeiten der erweiterten Realität sind noch nicht ausgeschöpft. Momentan begegnet man ihr in der Form, dass das Live-Bild, das beispielsweise im Fernsehen übertragen oder auf dem Bildschirm des ► Smartphones angezeigt wird, mit Textinformationen oder Symbolen überlagert wird. So werden bei Sportübertragungen Entfernungen, Bestmarken oder Ideallinien farbig gekennzeichnet. Beim Fotografieren werden die automatisch erkannten Köpfe von Personen mit Quadraten markiert. Bei Navigations-Apps kann man auf das Livebild umschalten, in welches dann die Navigationsanweisungen eingeblendet werden. Und manche Reiseführer-Apps zeigen interessante Hintergrundinformationen an, wenn man die Smartphone-Kamera auf eine Sehenswürdigkeit richtet.

ausführbare Datei

die, ► EXE

Ausloggen

das, ► Log-out

Ausrollung die, ► Rollout

Authenticator-App die, [oθentikäjta-äpp]. Von (engl.) authenticator = Beglaubiger. Man kann sie aber auch eingedeutscht als Authentikator-App [autentikator-äpp] bezeichnen. Das ist eine ► App, die im Rahmen der ► Zwei-Faktor-Authentifizierung direkt auf dem ► Smartphone ein einmalig gültiges ► Passwort erzeugt = Einmalpasswort, (engl.) One-Time Password [uon-tajm-pahßwöad], kurz **OTP** [ou-tih-pih]. Es ist dies eine der Möglichkeiten, ein ► Benutzerkonto mit einem zusätzlichen Identifizierungsschritt vor Fremdzugriffen abzusichern.

authentifizieren ► Authentifizierung

Authentifizierung die. Den Nachweis der Echtheit erbringen. Im Computer- und Internetbereich der Nachweis, dass eine Person berechtigt ist, auf bestimmte Informationen oder auf ein bestimmtes ► Benutzerkonto zuzugreifen. Dies erfolgt beispielsweise durch Eingabe eines ► Passworts oder durch eine ► Zwei-Faktor-Authentifizierung.

AW ► Re

AZERTY ► Tastaturlayout

AZW ► E-Book

B

Backslash der, ► Slash

Backup das, [bäckapp]. **Datensicherung**. Das englische Wort backup bedeutet im ursprünglichen Sinn, dass man jemanden oder etwas als Sicherheit oder Unterstützung hinter sich hat. Im Computerzeitalter wurde dies auf die **Sicherungskopien** wichtiger Daten übertragen. Backup bezeichnet dabei sowohl den Sicherungsvorgang als auch die gesicherten Daten selbst. Wenn man regelmäßig eine **Sicherung** auf einem externen Datenträger (► Speichermedium) oder als Cloud-Backup ([klaud-] ► Cloud) im ► Internet durchführt, dann hat man für den Fall, dass die Originale verloren gehen, gut vorgesorgt und kann sie aus dem Backup wiederherstellen. Die englische Entsprechung zu wiederherstellen lautet **restore** [rihßtoa]. Durchführen kann man Backups händisch durch einfaches Kopieren der Daten, man kann auf die im ► Betriebssystem verfügbaren Möglichkeiten zurückgreifen, oder man verwendet ein eigenes Backup-Programm. Vor allem Backup-Programme bieten mehrere Optionen dafür, in welcher Form bzw. in welchem Umfang das Backup erfolgen soll (► Vollbackup).

Bandbreite

die. Aus technischer Sicht nicht ganz korrekt, aber umgangssprachlich allgemein verständlich, bezeichnet die Bandbreite die (maximal mögliche) Übertragungsgeschwindigkeit einer Internetverbindung. Je größer die Bandbreite, desto mehr Daten können gleichzeitig übertragen werden. Das kann über ein Kabel oder über eine Mobilfunkverbindung erfolgen. Ab einer bestimmten, international allerdings nicht einheitlich definierten Geschwindigkeit, spricht man von **Breitband-Internet**. Wie groß die Bandbreite maximal sein kann, ist unter anderem vom Material des Kabels (Telefonleitung aus Kupferdraht, Antennenkabel, ► Glasfaserkabel) bzw. von der Art des Mobilfunknetzes (► Mobilfunkstandard) abhängig. Weiters kommt es darauf an, welchen Tarif Sie bei Ihrem Anbieter gewählt haben. In der Regel gilt: je teurer, desto mehr Bandbreite. Unterschieden wird zwischen Download- und Uploadgeschwindigkeit. Bitte beachten Sie dazu auch die Lexikoneinträge ► Download sowie ► Datenübertragungsrate.

Basisstation

die. Überall dort, wo Geräte in ein ► Netzwerk eingebunden sind, gibt es einen Sender, eine sogenannte Basisstation, mit der die anderen Geräte verbunden sind und deren Signale sie empfangen. Das kann ein ► Router in einem Heimnetzwerk (► Netzwerk) sein, das kann die Basisstation eines Schnurlostelefons sein, oder auch jenes Babyfon, das im Kinderzimmer steht und die Signale ans Empfangsgerät überträgt.

BCC ► CC

BD ► Blu-ray

BD-R ► Blu-ray

BD-RE ► Blu-ray

Beacon das, [bihken]. Von (engl.) beacon = Funkstelle, Funkfeuer. Ein Minisender auf Basis der ► Bluetooth-Technologie. Beacons kommen z.B. in Geschäften zum Einsatz, wo sie sich mit den Smartphones der Kunden verbinden, um deren Einkaufsverhalten nachzuverfolgen.

Beamer der [bihmer]. **Videoprojektor**. Ein Gerät, das beim Computer anstelle eines Bildschirms angeschlossen werden kann und das Bild auf eine große Leinwand projiziert. (Engl.) beam [bihm] bedeutet zwar strahlen, die Bezeichnung Beamer existiert im Englischen aber nicht, sondern ist – so wie z.B. ► Handy – ein im deutschen Sprachraum geschaffenes Kunstwort. Im Englischen heißt das Gerät video projector [wideou prodschektor], also Videoprojektor.

Beidou ► GPS

Benutzerkonto das. Auch: das **Nutzerkonto** bzw. (aus dem Englischen übernommen) der oder das **Useraccount** [juhser-äkaunt]. Kurz: **Account** [äkaunt]. Ein Benutzerkonto ist die Zugangsberechtigung zu einem Computer bzw. zu Informationen oder Angeboten im Internet. Die Zugangsberechtigung setzt sich in der Regel aus einem individuellen **Benutzernamen**, (engl.) **Username** [juhser-näjm], und einem geheimen ► Passwort zusammen. Als Benutzername wird oft der Einfachheit halber eine ► E-Mail-Adresse verwendet. Spezielle Formen des Benutzerkontos sind das **Administratorkonto** und das **Gastkonto**. Nur über ein Administratorkonto am Computer kann man beispielsweise Programme ► installieren und löschen oder individuelle Einstellungsänderungen am System vornehmen. Ein Gastkonto hingegen hat stark beschränkte Rechte und wird zum Beispiel verwendet, wenn man eine fremde Person auf dem eigenen Computer arbeiten lässt.

Benutzername der, ► Benutzerkonto

Benutzeroberfläche die. Auch: **Benutzerschnittstelle** (► Schnittstelle). Übersetzung von (engl.) **User Interface** [juhser interfäjß], kurz: **UI** (im Deutschen als

Doppellaut gesprochen, wie der Ausruf „ui"). Die Benutzeroberfläche ist jener Teil eines Programms, der auf dem ► Bildschirm dargestellt wird und dem Benutzer die Möglichkeit gibt, Befehle einzugeben. In der Anfangszeit waren das reine Textzeilen. Später setzte sich die heute gewohnte **grafische Benutzeroberfläche** mit ihren diversen Symbolen durch, die man mit der Maus oder mit den Fingern bedient. Die englische Entsprechung ist **Graphical User Interface** [gräfickäl juhser interfäjß], kurz: **GUI** (im Deutschen als Wort ausgesprochen). Das Geschlecht ist bei uns allerdings nicht exakt festgelegt. Man sagt zwar das Interface, während hingegen das UI/das GUI weniger verbreitet ist als die UI/die GUI.

Benutzerschnittstelle

die, ► Schnittstelle

Bestätigung in zwei Schritten

die, ► Zwei-Faktor-Authentifizierung

Beta-Version

die. Während ihrer Entwicklung durchläuft ► Software diverse Stadien. Als Nutzer ist man mitunter mit der sogenannten Beta-Version konfrontiert, die von den Entwicklern zum freiwilligen Testen veröffentlicht wird. Sie hoffen dabei auf zahlreiche Rückmeldungen von Nutzern. Beta, der zweite Buchstabe des griechischen Alphabets, weist darauf hin, dass die Basis-Entwicklungsstufe (= Alpha-Version) bereits abgeschlossen ist, die Software aber noch nicht in der Endversion vorliegt und daher fehlerbehaftet sein kann. Weniger versierten Nutzern wird daher nicht empfohlen, Beta-Versionen von Programmen oder ► Betriebssystemen zu verwenden. Für sie ist es sinnvoller, auf die finale Version zu warten.

Betriebssystem

das. Deutsche Entsprechung des englischen Begriffs **Operating System** [operäjting ßistemm], kurz **OS** [ou-es]. Basis und Voraussetzung dafür, dass ► Apps und ► Software auf dem jeweiligen Computer oder ► Smartphone funktionieren. Betriebssystem und App/Software müssen zusammenpassen, damit eine Installation auf dem Gerät überhaupt möglich ist. Gängige Computerbetriebssysteme sind ► **Windows** [windous] von ► Microsoft [majkrosoft], **macOS** [mäck ou-es] von ► Apple [äppl] sowie **Linux** (gesprochen wie geschrieben). Aktuelle Betriebssysteme für mobile

Geräte wie ► Smartphones und ► Tablets sind **Android** [andro-id] bzw. englisch [ändrojd] von ► Google sowie **iOS** [aj-ou-es] und **iPadOS** [aj-päd ou-es], beide von Apple. Android findet man weiters auf manchen ► Smart-TVs. Außerdem laufen ► Smartwatches mit mobilen Betriebssystemen.

Bibliothek die. Übersetzung von (engl.) library [lajbräri]. Als Bibliothek bezeichnet man einen übergeordneten ► Ordner auf dem Computer, der nur ► virtuell existiert. In den einzelnen Bibliotheken sind andere Ordner vereint, die jeweils eine bestimmte Art von ► Dateien enthalten, also z.B. Fotos, Dokumente, Musik oder Videos. Man kann eine Bibliothek auch als praktische Abkürzung verstehen, denn ein Klick darauf führt direkt zum Ziel. Eine Handvoll Bibliotheken sind unter ► Windows standardmäßig eingerichtet und warten darauf, von den Nutzern befüllt zu werden. Im Technikbereich wird auch im Deutschen häufig der Ausdruck **Library** verwendet bzw. Libraries [lajbrärihs], also die englische Mehrzahlform.

Bildauflösung die, ► Auflösung

Bildfrequenz die, ► FPS

Bildrate die, ► FPS

Bildpunkt der, ► Pixel, ► Auflösung

Bildschirm der, ► Display

Bildschirmdiagonale die, ► Displaydiagonale

Bildschirmtastatur die, ► virtuelle Tastatur

Bildschirmtechnologie die. Ob ► Smartphone, Computer oder Fernsehapparat – die hinter den Bildschirmen der Geräte steckende Technologie ist im Prinzip dieselbe. Die preisgünstigeren davon setzen immer noch auf die schon klassische LCD-Technologie. **LCD** (deutsch und in Einzelbuchstaben gesprochen) ist die Abkürzung für Liquid Crystal Display [likwid kristäl displäj] = **Flüssigkristallanzeige/Flüssigkristallbildschirm**. Bei LCD-Bildschirmen wird durch die elektrische Spannung die Ausrichtung der Kristalle und damit ihre Lichtdurchlässigkeit geändert.Die Kristalle selbst geben allerdings kein Licht ab, es braucht eine eigene (Hintergrund-)Beleuchtung. Diese besteht aus kleinen LEDs. **LED** (deutsch und in Einzelbuchstaben gesprochen) steht fürLight Emitting Diode [lajt emitting daijoud] = lichtaussendende Diode [djohde] oder Leuchtdiode. Eine Diode wiederum ist ein Bauteil, welcher den Strom nur in eine Richtung fließen lässt. Leuchtdioden senden dabei Licht aus. LEDs liefern jedenfalls hinter der sichtbaren Bildschirmoberfläche das Licht, welches dann von den Flüssigkristallen entsprechend ihrer Ausrichtung mehr oder weniger stark durchgelassen wird.Am einfachsten ist es, die LEDs an den Ecken oder Kanten zu platzieren = Edge-LED [edsch-]. Das spart Kosten und ermöglicht eine besonders dünne Bauweise, hat aber aufgrund der ungleichmäßigen Lichtverteilung Auswirkungen auf den Kontrast und die Farbdarstellung. Direct-LED [dajrekt-] (auch: Direct-lit [dajrekt-litt], Full-LED [fuhl-]) erlaubt das gezieltere Regeln heller und dunkler Bildbereiche (genannt Local Dimming [loukäl dimming] = lokales Abblenden), weil die LEDs über die gesamte Fläche verteilt sind.Einen weiteren Qualitätssprung bei LED stellt **QLED** [kuhled] dar. Die Firma ► Samsung verwendet hier eine spezielle Folie mit den von ihr so genannten Quantum Dots (gesprochen wie geschrieben). Das sind mikroskopisch kleine Partikel, die in exakt definierbaren Farben leuchten. Die meisten anderen Hersteller setzen bei ihren Topgeräten hingegen auf die **OLED**-Technik [ohled] Das O steht für organisch, weil die Dioden aus kohlenstoffhaltigem Material gebaut werden. Die Organic Light Emitting Diode [orgänik lajt emitting daijoud] benötigt keine Hintergrundbeleuchtung, sie leuchtet selbst. Letztlich sind QLED und OLED zwei unterschiedliche Wege, die zum selben Ergebnis führen: größerer Kontrastumfang, brillantere Farben, erweiterter Betrachtungswinkel. Und falls Ihnen die Bezeichnung **AMOLED** [ahmoled] oder gar **Super-AMOLED** unterkommt, so bezieht sich das auf die ebenfalls von Samsung entwickelte, besonders stromsparende Steuerungstechnik für Smartphone-Bildschirme bzw. den geschützten Markennamen. Konkurrent ► Apple hingegen hat für seine hochwertigen Bildschirme die Bezeichnung **Retina** kreiert, egal ob sie auf LCD oder OLED basieren.

Binärsystem das, ► Digitalisieren

Bing Gesprochen wie das deutsche Wort „Ding" mit „B". Der Name einer ► Suchmaschine von ► Microsoft.

BIOS das, [baijos]. Kurzform von (engl.) Basic Input/Output System [bäjsik inputt autputt ßistemm]. Wörtlich: grundlegendes Eingabe/Ausgabe-System. Ein im Hintergrund laufendes Basisprogramm, ohne das am Computer keine andere ► Software funktionieren würde. Das BIOS regelt auch das Zusammenspiel von Eingabegeräten (z.B. Tastatur) und Ausgabegeräten (z.B. Bildschirm). Da das BIOS mittlerweile in die Jahre gekommen ist, wurde als moderner Nachfolger das **UEFI** [u-ehfi] entwickelt und wird bereits in aktuellen Geräten eingesetzt. UEFI steht für Unified Extensible Firmware Interface [junifajd ekstensibl föamwäa interfäjß]. Wörtlich: vereinheitlichte erweiterbare Firmwareschnittstelle (► Schnittstelle). BIOS bzw. UEFI sind die ► Firmware des Computers. Bei der alltäglichen Nutzung des Computers wird man äußerst selten direkt mit ihnen konfrontiert.

Bit das, [bitt]. Ein Bit, von (engl.) binary digit [bajnäri didschit] = binäre/zweiwertige Zahl, bezeichnet die kleinste elektronische Speichereinheit. Da der Informationsgehalt eines einzelnen Bits minimal ist, werden jeweils 8 Bit zu einer Gruppe zusammengefasst. Eine solche Gruppe wird **Byte** [bajt] genannt. 1.024 Byte sind 1 **Kilobyte (KB)**. 1.024 KB wiederum sind 1 **Megabyte (MB)**. 1.024 MB sind 1 **Gigabyte (GB)** und 1.024 GB sind 1 **Terabyte (TB)**. Nach einer anderen, auf Zehnerpotenzen beruhenden Darstellungsweise wird immer auf ganze Tausender abgerundet, also 1 GB entspricht z.B. 1.000 MB. Korrekterweise würden die Einheiten für die zuerst genannte, auf Zweierpotenzen beruhende Darstellungsweise **KiB**, **MiB**, **GiB** und **TiB** lauten (für Kibi-, Mebi-, Gibi- und Tebibyte), diese Unterscheidung erspart man den Konsumenten jedoch in der Regel. Die jeweilige Einheit (KB, MB, GB, TB) lässt auch Rückschlüsse darauf zu, wie viel Platz auf einer Computerfestplatte oder dem Handyspeicher zur Verfügung steht bzw. wie viel davon eine bestimmte ► Datei in Anspruch nimmt. Zur Orientierung: Aktuelle Computer werden zumindest mit 250 GB großen Festplatten ausgestattet. Ein qualitativ gutes Handyfoto ist bis zu 5 MB groß. Speichert man 200 solcher Fotos auf dem Computer ab, dann ist erst eines von 250 GB damit belegt (200 x 5 MB = 1.000 MB = 1 GB).Vielleicht ist Ihnen schon aufgefallen, dass die Herstellerangaben auf Speichermedien üblicherweise nicht mit dem Wert übereinstimmen, den z.B. der Computer bei der Größe des freien Speicherplatzes angibt. Eine 1.000 GB fassende Festplatte bietet demnach nur 931 GB (eigentlich: GiB) Platz, bei einem USB-Stick mit 16 GB sind es rund 14,6 GB. Das hat in erster Linie mit den beiden oben beschriebenen Darstellungs- und Berechnungsarten zu tun. Die Hersteller rechnen mit Zehnerpotenzen, der Computer mit Zweierpotenzen, was aber letztlich keinen Unterschied macht. Der tatsächlich vorhandene Speicherplatz ist identisch. Ein wenig davon wird dann auch noch vom System beansprucht, das im Hintergrund diverse Daten auf dem Speichermedium ablegt, die es für dessen Steuerung benötigt.

Bitcoin ► Kryptowährung

Bit pro Sekunde ► Datenübertragungsrate

Bitrate die, ► Datenübertragungsrate

Bit/s ► Datenübertragungsrate

Bixby ► Sprachassistent

Blacklist die, [bläcklist]. Schwarze Liste, Negativliste. In Programmen, die eine ► Filterfunktion bieten (z.B. ► Werbeblocker, ► E-Mail-Client), kann man einzelne ► Internetadressen oder E-Mail-Absender gezielt in die Blacklist eintragen, damit sie blockiert werden. Das Gegenteil davon ist die ► Whitelist.

Bloatware die, [blout-uäa]. Zusammengesetzt aus (engl.) bloat = aufblähen und ► Software. Der Begriff Bloatware meint: 1.) Software, die mit Funktionen überladen und dadurch schlecht nutzbar, unübersichtlich und fehleranfällig ist. 2.) In großer Anzahl auf neu gekauften Computern oder ► Smartphones vorinstallierte Programme und ► Apps, die in erster Linie dazu dienen, ihre eigenen kostenpflichtigen Versionen zu bewerben. Oft werden sie automatisch gestartet und verlangsamen dadurch das ganze System.

Blockchain die, ► Kryptowährung

Blog der oder das, [blogg]. Kurzform von **Weblog** [webb-logg]. Weblog wiederum ist zusammengesetzt aus den englischen Wörtern web = Netz (im Sinne von ► Internet) sowie log = Tagebuch. Ein solches Internet-Tagebuch zählt zu den ► Sozialen Medien. Es ist in der Regel öffentlich und richtet sich an eine bestimmte Zielgruppe. Befüllt wird der Blog üblicherweise von einer einzelnen Person, die als **Blogger** bzw. **Bloggerin** bezeichnet wird. Der Blogger veröffentlicht in mehr oder weniger regelmäßigen Abständen Blogbeiträge. Diese enthalten Texte und Fotos zu bestimmten Themen. Bekannte und erfolgreiche Blogger verdienen Geld damit, dass sie Produkte in ihren Blogbeiträgen erwähnen und im Gegenzug von den Firmen finanziell unterstützt werden. Veröffentlicht ein Blogger keine Texte, sondern handelt seine Themen mündlich in Form von Videos ab, dann bezeichnet man ihn als **Vlogger** und er betreibt einen **Video-Blog**, kurz: **Vlog** [wlogg]. Blogger und Vlogger, die eine große Masse an Menschen erreichen und in ihrer Meinung oder ihren Entscheidungen beeinflussen, nennt man auch ► Influencer [influ-ennßa], von (engl.) influence [influ-ennß] = beeinflussen, prägen.

Blogger/in der/die, ► Blog

Bluetooth der oder das, [bluhtuhθ]. Üblicherweise wird der Begriff ohne Artikel verwendet. Er stammt aus dem Englischen und ist die wörtliche Übersetzung des dänischen Namens Blåtand (= Blauzahn). König Harald Blåtand hat im 10. Jahrhundert Dänemark und Norwegen vereint. Bluetooth ist ein einheitlicher Standard für die drahtlose Verbindung von Geräten über kurze Distanzen. Man kann damit z.B. Fotos von einem ► Smartphone zum anderen übertragen, das Gerät mit der Freisprecheinrichtung im Auto oder mit einem Lautsprecher koppeln. Auch kabellose Tastaturen und Mäuse verbinden sich via Bluetooth mit dem Computer. Zur erstmaligen Verbindungsherstellung muss man die beteiligten Geräte miteinander bekannt machen, d.h. sie müssen sich gegenseitig über Bluetooth finden. Diesen Vorgang nennt man **pairen** [pähren] bzw. das **Pairing** [pähring], zu deutsch: paaren bzw. Paarung. Mittlerweile gibt es mehrere Bluetooth-Generationen. Es kann vorkommen, dass das Pairing zwischen älteren und aktuellen Geräten nicht funktioniert.

Blu-ray

die, [blu-räj]. Kurzform von Blu-ray Disc, mitunter auch als **BD** abgekürzt. Der Name ist abgeleitet von (engl.) blue [bluh] = blau, ray = Lichtstrahl und ► disc [disk] = Scheibe und verweist auf den farbigen Laserstrahl. Die Schreibweise Blu-ray wurde gewählt, um eine einprägsame Marke zu schaffen. Es handelt sich um ein optisches ► Speichermedium, das als Nachfolgerin der **DVD** entwickelt wurde. Mit 25 GB (► Bit) Speichervolumen übertrifft die Blu-ray jenes der DVD (4,7 GB) um ein Mehrfaches. Ähnlich wie bei den DVDs unterscheidet man im Computerbereich zwischen der **Blu-ray-ROM** und solchen mit den Zusatzbezeichnungen R bzw. RE (beide deutsch und als Einzelbuchstaben gesprochen). ROM (als Wort gesprochen) steht für (engl.) Read Only Memory [rihd ounli memmori]. Sinngemäß: „lies nur den Speicher". Gemeint ist, dass der Inhalt einer Blu-ray-ROM nur abgerufen, aber nicht verändert werden kann. In **Blu-ray-R** wiederum steht das R für (engl.) recordable [rikordäbl] = beschreibbar – und zwar genau ein Mal. Bis zu 1.000 Mal beschreibbar und wieder löschbar (manche Hersteller versprechen bis zu 10.000 Mal) ist hingegen die **Blu-ray-RE**. RE steht für recordable und erasable [iräjsäbl] = löschbar. Manchmal tragen beschreibbare Blu-rays die Zusatzbezeichnung **SL** oder **Single Layer** [ßingl läija], von (engl.) single = einfach und layer = Schicht. Dies dient lediglich zur Unterscheidung von Produkten mit der Zusatzbezeichnung **Dual Layer** [djuäl läija] oder **Double Layer** [dabl läija]. Kurz: **DL**. DL weist darauf hin, dass es sich um eine Blu-ray handelt, die über zwei beschreibbare Schichten verfügt (dual/double = doppelt). Dies erhöht das Speichervolumen einer einzelnen Blu-ray auf 50 GB. Mittlerweile sind auch Blu-rays mit mehr als zwei beschreibbaren Schichten erhältlich.

Blu-ray-Brenner

der, ► Brenner

Bonjour

► Apple Bonjour

Booten das, ► Hochfahren

Bootsektor der, ► Partition

Bordmittel das. Mit Bordmitteln sind Programme und Funktionen gemeint, die mit dem ► Betriebssystem eines Gerätes mitgeliefert werden. So kann man z.B. am Computer mithilfe der Bordmittel ein ► Backup durchführen und benötigt nicht zwingend ein zusätzliches Programm dafür. Gegen die Nutzung der Bordmittel spricht zum Teil, dass sie weniger Möglichkeiten oder weniger Benutzerkomfort bieten als (kostenpflichtige) Programme anderer Anbieter.

Bot der, [bott]. Kurzform von (engl.) robot = Roboter. Im Computerbereich versteht man darunter ein Programm, das im ► Internet oder in den ► Sozialen Medien bestimmte Aufgaben selbstständig durchführt. Bots sind auch in der Lage, miteinander zu kommunizieren. Einen solchen Zusammenschluss nennt man Botnetz oder (engl.) **Botnet** [bottnett], also Roboter-Netzwerk (► Netzwerk). Solche Netzwerke bestehen oft aus gekaperten Computern und anderen internetfähigen Geräten wie z.B. ► Webcams. Auch das Internet der Dinge (► Smart Home) ist diesbezüglich ein problematisches Thema.Grundsätzlich können Bots für positive und negative Zwecke eingesetzt werden. So sind Bots in Form sogenannter **Webcrawler** [webbkrohla] schon lange im Dienst von ► Suchmaschinen im Einsatz. (Engl.) crawler bedeutet Kriechtier. Diese Bots „kriechen" durchs Netz, werten die einzelnen ► Internetseiten aus und legen ein Verzeichnis an, um eine schnelle und zielgenaue Suche zu ermöglichen. Als sogenannte **Spambots** [ßpämbotts] können sie aber auch zum Sammeln von Unmengen an E-Mail-Adressen eingesetzt werden, die im Internet umherschwirren. Es gibt wohl kaum einen Internetnutzer, der noch nicht mit einer Flut an unerwünschten Werbe-E-Mails (► Spam) konfrontiert war. Auch der Versand dieser Spam-Mails wird meist automatisiert von Botnetzen durchgeführt. Mittlerweile trifft man auf ► Internetseiten von Firmen und in den Sozialen Medien auf sogenannte **Chatbots** [tschättbotts] oder **Social Bots** [ßouschl botts]. Sie haben die Fähigkeit, schriftliche Fragen zu beantworten oder zu bestimmten Themen Kommentare abzugeben, bei denen man oft gar nicht bemerkt, dass sie nicht von Menschen stammen. Leider werden Chatbots in den Sozialen Medien oft dazu verwendet, um zu provozieren, um die Meinung anderer Nutzer zu beeinflussen, oder um Werbebotschaften zu verbreiten.

Botnet
das, ► Bot

Box
die, [bocks]. (Engl.) box meint eigentlich Schachtel, Kiste oder Gehäuse. Im technischen Bereich findet man den Begriff 1.) im Sinne von Lautsprecher (► Aktivbox) und 2.) im Sinne eines kästchenförmigen Zusatzgeräts, z.B. für den TV-Empfang (► Settop-Box).

Breitband-Internet
das, ► Bandbreite

brennen
► Brenner

Brenner
der. Ein internes oder externes Gerät, mit dem man Daten, die sich auf dem Computer befinden, auf einer beschreibbaren ► CD, ► DVD oder ► Blu-ray-Disc speichern kann. Die Daten werden mithilfe eines stark gebündelten Lichtstrahls (= Laser [läjsa]) in die metallbeschichtete Kunststoffscheibe eingebrannt. Daher der Ausdruck: „Eine CD **brennen**". Mit jedem Brenner kann man die Daten auch lesen bzw. wiedergeben, d.h. er dient auch als Wiedergabe- oder Abspielgerät (siehe ► Player laut Definition 1 bzw. ► Reader).

Browser
der, [brauser]. Auch: **Internetbrowser**. Ein in der Regel kostenlos herunterladbares oder bereits vorinstalliertes Programm für Computer, ► Smartphones, ► Tablets, aber auch ► Smart-TVs. Man benötigt es, um ► Internetseiten betrachten zu können. Gängige Browser sind der mittlerweile veraltete Internet Explorer von ► Microsoft, dessen Nachfolger Edge [ädsch], Chrome [kroum] von ► Google und Firefox [fajafocks] von ► Mozilla. Ein weiterer bekannter Browser ist Safari [safari] von ► Apple, der aber nur auf Geräten dieses Herstellers funktioniert. Das englische Zeitwort browse [braus] bedeutet durchsuchen, durchstöbern. Im Deutschen hat sich für diesen Vorgang das Wort ► surfen [söafn] durchgesetzt.

browserbasierte Anwendung die, ► Webtool

browserbasiertes Programm das, ► Webtool

Browser-Erweiterung die, ► Erweiterung

Browser-Toolbar die, ► Toolbar

Brute-Force-Attacke die, [bruht-forß-]. Der englische Ausdruck brute force bedeutet rohe Gewalt. Eine Brute-Force-Attacke (auch unter Brute-Force-Angriff oder -Methode zu finden) ist der Versuch, via ► Internet das ► Passwort eines ► Benutzerkontos zu knacken. Der Angreifer geht dabei nicht nach einem ausgeklügelten System vor, sondern es werden mithilfe eines Computers einfach der Reihe nach Millionen von Zeichenkombinationen ausprobiert – bis die passende gefunden ist. Je länger und komplexer ein Passwort ist, desto mehr Zeit benötigt der Computer dafür und desto uninteressanter wird die Attacke für den Angreifer.

Bug der, [bag]. Wörtlich übersetzt bedeutet dieses englische Wort Wanze, Käfer oder einfach nur Insekt. Im Techikbereich steht es für einen Fehler in einem Computerprogramm oder einer ► App. Im Optimalfall stellt der Anbieter ein ► Update bereit, um den Fehler zu reparieren. Ein solches Update zur Fehlerbehebung bezeichnet man als **Bugfix** [bagfix], von (engl.) fix = reparieren, richten. Die gleiche Bedeutung wie Bugfix hat der ältere Ausdruck **Patch** [pätsch], wörtlich übersetzt: Heftpflaster, Flicken.

Bugfix der, ► Bug

Bundle das, [bandl]. Bündel, Paket. Der Begriff Bundle kann zwei Dinge bezeichnen: 1.) Ein Gerät samt dazugehöriger Programme, die gemeinsam, also im Paket verkauft werden. 2.) Ein aus mehreren Einzelprogrammen zusammengestelltes ► Software-Paket, welches gleichfalls im Ganzen angeboten wird (siehe auch ► Suite).

Bus

der. Bei englischer Aussprache [bass], allerdings ist bei uns das deutsche Bus üblich, so wie in Autobus. Ein Bus oder **Bussystem** ist im Computerbereich ein System zur Datenübertragung zwischen verschiedenen Bauteilen des Computers bzw. zwischen dem Computer und einem externen Gerät. Eines der bekanntesten Bussysteme ist ► USB.

Bussystem

das, ► Bus

Button

der, [battn]. Das englische Wort bedeutet Knopf (sowohl an der Kleidung als auch in Form eines Klingelknopfs) bzw. Taste oder Schalter. Im Computerbereich ist ein Button ein auf dem Bildschirm angezeigter Knopf, den man mit dem Mauszeiger anklickt oder mit dem Finger antippt, um eine Aktion auszulösen oder eine Frage zu bestätigen (z.B. bei Käufen übers Internet). Die deutsche Bezeichnung für diese Form von Button lautet **Schaltfläche**. Auch das Windows-Symbol (► Windows) in der linken unteren Ecke des Computerbildschirms wird traditionell als **Start-Button** bezeichnet. Viele Smartphones wiederum verfügen über einen **Homebutton** [houmbattn]. Dieser ist manchmal noch als physische Taste ausgeführt. Drückt man darauf, ruft man den Hauptbildschirm auf (► Homescreen).

Byte

das, ► Bit

Cache

der, [käsch]. Ein Zwischenspeicher bei Computer und ► Smartphone, der vorübergehend Daten aus dem ► Arbeitsspeicher oder von der ► Festplatte aufnimmt und bei Bedarf wieder zur Verfügung stellt. Dadurch wird die Arbeitsgeschwindigkeit des gesamten Systems erhöht.

Captcha

der oder das, [käpp-tscha]. Klanglich angelehnt an (engl.) capture = erfassen. Ein Captcha ist ein automatisierter Test im ► Internet, um z.B. sicherzustellen, dass ein Mensch und nicht ein Computer gerade versucht, sich bei einem ► Benutzerkonto anzumelden. Die Aufgabe besteht etwa darin, eine angezeigte Buchstaben- und Zahlenkombination oder das Ergebnis einer einfachen Rechenaufgabe einzutippen oder auf einer Reihe von Fotos bestimmte Gegenstände zu erkennen und nur die passenden Bilder anzuklicken. Die Gestaltung des Captchas mit schwer lesbarer, verzerrter Schrift bzw. unscharfen Fotos ist bewusst so gewählt, weil ein auf standardisierte Abläufe und Darstellungen angewiesener Computer es dadurch nicht erfassen kann. Die einzelnen Buchstaben des Wortes Captcha stehen für Completely Automated Public Turing Test To Tell Computers And Humans Apart = „vollständig automatisierter öffentlicher Turing-Test zur Unterscheidung von Computern und Menschen". Alan Turing [ällän tjuhring] war ein britischer Computerpionier aus der ersten Hälfte des 20. Jahrhunderts.

Card Reader der, [kahd rihda]. Von (engl.) read [rihd]= lesen. Ein Kartenlesegerät, mit dem man den Inhalt von Speicherkarten (► SD-Karte) anzeigen kann. Zwar haben auch ► Smartphones einen Card Reader eingebaut, doch verwendet man diese Bezeichnung in erster Linie bei Desktop-Computern und Laptops (► PC). Beim Smartphone spricht man eher von Schacht, Einschub oder ► Slot. Alternativ zur eingebauten Version gibt es Card Reader als externe Geräte, die man (per Kabel) mit dem Computer verbindet.

CC 1.) ► Creative Commons.; 2.) Abkürzung von (engl.) carbon copy [kahrben kopi]. Gemeint war ursprünglich der mit Kohlepapier angefertigte Durchschlag eines auf der Schreibmaschine verfassten Dokuments. Die Entwickler der ersten E-Mail-Programme haben diese Bezeichnung übernommen. Daher findet man dort unterhalb der Adresszeile für den Hauptempfänger auch die Zeile CC für jene Personen, die zwecks Information eine Kopie der ► E-Mail erhalten sollen. Die in der Adresszeile und in der Zeile CC eingetragenen Adressen sind für sämtliche Empfänger der E-Mail sichtbar. Möchte man hingegen die Empfänger der Kopie vor fremden Augen verbergen, muss man statt CC die Zeile **BCC** verwenden. Das B steht für (engl.) blind [blaind], es handelt sich dann um eine sogenannte Blindkopie. Manchmal muss man die Zeile BCC erst in den Einstellungen des E-Mail-Programms einblenden, um sie nutzen zu können.

CD die, [tse-deh]. Von (engl.) **Compact Disc** [kompäckt disk]. Wörtlich: kompakte Scheibe. Ein optisches ► Speichermedium für Daten aller Art. In den 90er Jahren erlebte die Audio-CD als Nachfolgerin der Schallplatte eine Hochblüte. Im Computerbereich unterscheidet man zwischen **CD-ROM**, **CD-R** und **CD-RW**. ROM (als Wort gesprochen) steht für (engl.) Read Only Memory [rihd ounli memmori]. Sinngemäß: „Lies nur den

Speicher". Gemeint ist, dass der Inhalt einer CD-ROM nur abgerufen, aber nicht verändert werden kann. Mithilfe eines ► Brenners einmalig mit Daten beschreibbar ist hingegen die CD-R. Das R steht für (engl.) recordable [rikordäbl] = beschreibbar, bespielbar. Bis zu 1.000 Mal beschreibbar und wieder löschbar ist hingegen die CD-RW (deutsch und als Einzelbuchstaben gesprochen). RW steht für rewritable [rihrajtäbl] = wiederbeschreibbar. Das maximale Speichervolumen einer CD-ROM beträgt 650 MB (► Bit).

CD-Brenner der, ► Brenner

CD-R die, ► CD

CD-ROM die, ► CD

CD-RW die, ► CD

Celeron ► Intel

Central Processing Unit ► Prozessor

Chat der, [tschätt]. Von (engl.) chat = plaudern, sich unterhalten. Das deutsche Zeitwort dazu ist **chatten** [tschättn]. Ein Chat ist eine Unterhaltung, die übers ► Internet geführt wird. Anfangs fand die Kommunikation rein schriftlich statt, später kamen dann der **Audiochat** und der **Videochat** als Möglichkeiten dazu, also die Übertragung von Ton bzw. Bild und Ton. Wenn man von **Videotelefonie** spricht, ist im Prinzip dasselbe gemeint. Unterschiedlich ist nur die technische Umsetzung. Die ursprünglichste Form ist das Chatten über den ► Browser am Computer, indem man dort eine ► Internetseite aufruft und einen bestimmten Bereich, einen sogenannten **Chatroom** [tschättruhm] = Chatraum „betritt". In einer ähnlichen Form wird es noch von Unternehmen genutzt, die ihren Kunden so die Möglichkeit bieten, (meist schriftlich) mit einem Mitarbeiter in Kontakt zu treten. Zum Teil kommen dort allerdings auch Chatbots (► Bots), also Roboter zum Einsatz. Davon abgesehen werden für das Chatten mittlerweile bestimmte Programme bzw. ► Apps verwendet. Und es hat sich vom Computer stark aufs ► Smartphone verlagert. Bekannte Beispiele für solche Chat-Programme und -Apps sind der zu ► Microsoft gehörende Videotelefonie-Pionier **Skype** [ßkajp], der Facebook Messenger [fäjß-buck messendscher] und WhatsApp [wots-äpp] oder [wots-app]. Diese Art von Chat-Programmen bezeichnet man heutzutage als ► Instant Messenger [inßtänt messendscher]. Sinngemäß: Sofortnachrichtenübermittler. Das Wort **skypen** [ßkajpn] steht im täglichen Sprachgebrauch mittlerweile für die Videotelefonie an sich.

Chatbot der, ► Bot

Chatroom der, ► Chat

chatten ► Chat

Chip der, [tschipp]. (Engl.) chip = Splitter, Baustein, Jeton. Im technischen Bereich ist damit ein elektronischer Bauteil gemeint, wie z.B. ein Rechenchip (► Prozessor), in besonders kleiner Bauform auch als Mikrochip bekannt. Weiters verfügen Kameras (z.B. Digitalkameras, Handykameras) über einen Chip in Form eines lichtempfindlichen Bildsensors.

Chrome ► Browser

Chromebook das, [kroumbuck]. Ein von der Firma ► Google entwickeltes Notebook (► PC) mit einem ebenfalls von Google stammenden ► Betriebssystem namens Chrome OS [kroum ou-es]. Anders als bei herkömmlichen Computern sind bei einem Chromebook fast keine ► Daten und Programme auf der ► Festplatte gespeichert, sondern das Gerät nutzt das vielfältige Angebot von Google im ► Internet. Dadurch ist man beim Arbeiten mit einem Chromebook aber auch sehr stark auf das Vorhandensein einer Internetverbindung angewiesen.

Chromecast [kroumkahst]. Ein von der Firma ► Google entwickeltes Zusatzgerät, mit dessen Hilfe man ► Inhalte von einem Endgerät (z.B. ► Smartphone oder Computer) kabellos auf ein anderes Gerät (z.B. Fernseher) übertragen kann, also etwa Fotos oder Videos. Chromecast wird per ► HDMI mit dem Fernseher verbunden. Das ist dann nützlich, wenn dieser von Haus aus nicht für eine ► WLAN-Verbindung geeignet ist und somit nicht mit anderen Geräten verbunden (► vernetzt) werden kann. Chromecast hat allerdings nur eine Adapterfunktion, es handelt sich nicht um einen Streaming-Stick wie z.B. den Amazon Fire Stick, mit dessen Hilfe man diverse Streaming-Angebote abrufen kann (► Streaming). Das heißt, Chromecast dient als reiner Empfänger, der die empfangenen Dateien auf dem Fernseher darstellt. Mit Chromecast lassen auch Inhalte aus einer ► App übertragen, vorausgesetzt die betreffende App unterstützt diese Funktion ebenfalls.

Citrix

[ßitricks]. US-amerikanisches Software-Unternehmen (► Software). Im privaten Bereich kommt man mit dessen Produkten eher selten in Berührung. Im Berufsalltag geschieht dies dann, wenn man mithilfe von Citrix-Software die Möglichkeit nutzt, von unterwegs auf das ► Netzwerk seines Arbeitgebers zuzugreifen bzw. auf Programme, die einem ansonsten nur im Büro zur Verfügung stehen (siehe auch ► Remotezugang).

Clickbaiting

das, [klickbäjting]. Wörtlich: das Klickködern. Von (engl.) click = anklicken und bait = ködern. Clickbaiting ist eine umstrittene, aber von vielen Medien im ► Internet angewandte Methode, um mithilfe einer reißerischen Schlagzeile möglichst viele Nutzer dazu zu bringen, einen redaktionellen Beitrag oder ein Video aufzurufen. In der Regel kann der Inhalt dann nicht mit der Schlagzeile mithalten.

Client

der, ► Server

Cloud

die, [klaud]. Das englische Wort für Wolke. Im Prinzip ist Cloud nichts anderes als eine etwas blumigere Bezeichnung für ein ► Netzwerk. Dieses besteht aus einer Reihe untereinander verbundener Computer (► Server), auf denen Daten abgespeichert sind. Über das ► Internet kann man von überall auf der Welt auf diese Daten zugreifen oder eigene Daten dort dauerhaft abspeichern. Auf diese Weise kann man die Cloud auch zur Datensicherung (► Backup) verwenden, man spricht dann von einem **Cloud-Backup** [klaud-bäckapp]. Ebenso können über die Cloud Programme bereitgestellt werden, die man nutzen kann, ohne sie auf dem eigenen Computer zu installieren (► Webtool). Oder man benutzt die Cloud dazu, um Daten wie Kalendereinträge, Kontakte oder ► E-Mails auf mehreren Geräten synchron zu halten. Wenn von **Datenwolke**, **Rechnerwolke**, **Cloud-Computing** [klaud-kompjuting] oder **Cloud-Lösung** die Rede ist, ist dasselbe gemeint, also die Cloud selbst bzw. das Arbeiten mit ihr. Wie erwähnt, kann die Cloud zum Speichern von Daten genutzt werden. (Engl.) **Cloud Storage** [klaud ßtorädsch] = **Cloud-Speicher** (auch: Online-Speicher) bezeichnet genau diesen Aspekt der Cloud. Es gibt zahlreiche Anbieter, die einen **Cloud-Service** (auch: **Cloud-Dienst**) betreiben. Im Zusammenhang mit Computer und ► Smartphone kommt man vor allem mit den Diensten **Google Drive** [guhgl draiw], Microsoft **OneDrive** [uon draiw] und Apple **iCloud** [ajklaud] in Berührung. Weitere bekannte Produkte sind etwa **Dropbox** [droppbocks] und **Amazon Drive** [ämäson draiw]. Da die Begriffe Cloud, Drive (► Laufwerk) und ► Box im Deutschen mittlerweile gängig sind, hat es sich eingebürgert, auch die genannten Dienste mit Artikeln zu versehen. Man hört daher oft: der Google Drive, der OneDrive, der Amazon Drive, die iCloud, die Dropbox.

Cloud-Backup das, ► Cloud

Cloud-Computing das, ► Cloud

Cloud-Dienst der, ► Cloud

Cloud-Lösung die, ► Cloud

Cloud-Service der, ► Cloud

Cloud-Speicher der, ► Cloud

Cloud Storage ► Cloud

CMS das. Deutsch und in Einzelbuchstaben ausgesprochen. Die Abkürzung CMS steht für (engl.) **Content Management System** [kontent mänädschment ßistemm]. Wörtlich: Inhaltsverwaltungssystem. Darunter versteht man ein Programm, mit dem man auf einfache Weise unterschiedliche Arten von ► Inhalten (Text, Fotos, Videos) im ► Internet veröffentlichen kann, ohne tiefergehende Programmierkenntnisse besitzen zu müssen (► Programmiersprache). Ein CMS kommt daher häufig zum Einsatz, um die auf der eigenen Homepage (► Internetseite) oder dem eigenen ► Blog bereitgestellten Informationen zu verwalten.

CMYK ► Farbraum

Code der, ► Passwort, ► Programmiersprache, ► Quellcode

Codec der, [koudek] oder [kohdek]. Ein Verfahren, um Daten oder Signale in ein bestimmtes ► Dateiformat umzuwandeln. Codecs spielen bei Ton- und Videodateien, aber auch bei digitalen Fotos eine wesentliche Rolle. Als Nutzer kommt man mit Codecs höchstens dann in Berührung, wenn man z.B. ein Video anschauen möchte, das vorhandene Wiedergabeprogramm das Dateiformat aber nicht entschlüsseln kann. Dann kann es helfen, ein anderes Programm zu wählen oder das Dateiformat zu ► konvertieren, also in ein anderes Format umzuwandeln, sodass es vom vorhandenen Programm doch gelesen werden kann.

Community die, [kommjuniti]. Wörtlich: Gemeinschaft. Im Internet versteht man unter einer Community eine Gemeinschaft von Menschen mit den gleichen Interessen, Wertvorstellungen oder Zielen. Das kann z.B. auch sein, gemeinsam an der Verbesserung eines bestimmten Computerprogramms zu arbeiten. Der Begriff Community ist in der Regel positiv besetzt. In der Mehrzahl wird oft die englische Form Communities statt eingedeutscht Communitys verwendet.

Compact Disc die, ► CD

Computerfestplatte die, ► Festplatte

Computerfreak der, ► Nerd

Computertastatur die, ► Keyboard

Computerwurm der, ► Schadsoftware

Computervirus der oder das, ► Schadsoftware

Containerformat das, [kontäjna-]. Der aus dem Englischen stammende Begriff Container für einen geräumigen Behälter ist ja auch bei uns schon lange in Verwendung. Aber auch ► Dateien können in Containern organisiert sein, so ähnlich wie man in einem ► Ordner am Computer unterschiedliche Dateien abspeichern kann. Ein bekanntes Containerformat ist MP4 (► MPEG-4). Darin enthalten sind dann alle Einzelbestandteile, aus denen sich beispielsweise ein Video zusammensetzt, wie etwa die Tonspur, die Bilder, Untertitel, hinzugefügte Grafiken, ► Metadaten etc.

Content der, [kontent]. (Engl.) content bedeutet wörtlich übersetzt Inhalt. Im Deutschen verwendet man im Zusammenhang mit dem ► Internet die Mehrzahl, spricht also von **Inhalten**. Gemeint sind sämtliche Informationen, die man im Internet abrufen kann, egal ob es sich um Text, Fotos, Videos oder Musik handelt. Lädt man etwas davon aktiv ins Internet bzw. auf eine bestimmte ► Internetseite hoch, dann befüllt man diese mit Inhalten/Content.

Content Management System das, ► CMS

Converter der, ► konvertieren

Convertible der, ► PC

Cookie der oder das, [kuckih]. Von (engl.) cookie = Keks. Im Computerbereich meist in der Mehrzahl verwendet. Cookies sind kleine ► Dateien, die beim Aufrufen einer ► Internetseite auf der ► Festplatte des Computers abgelegt werden. Manche davon sind notwendig, damit eine Internetseite korrekt funktioniert. Man nennt sie auch **Session Cookies** [ßeschn kuckihs] = Sitzungs-Cookies. Sie werden z.B. dazu verwendet, dass sich der Warenkorb eines ► Online-Shops jene Produkte „merkt“, die man bereits darin abgelegt hat, auch wenn man zwischendurch weitere Seiten aufruft. Diese Session Cookies werden in der Regel nach dem Schließen des

► Browsers automatisch gelöscht. Cookies können allerdings auch Teil des ► Trackings, also der Nachverfolgung der Internetaktivitäten eines Benutzers sein. Oft handelt es sich dann um **Drittanbieter-Cookies**. Sie stammen von Firmen, die nicht unmittelbar mit dem Betreiber der Internetseite zu tun haben, sondern z.B. auf Werbung und aufs Datensammeln spezialisiert sind. Solche Drittanbieter-Cookies kann man üblicherweise in den Browser-Einstellungen blockieren. Laut europäischer Datenschutzgrundverordnung (DSGVO) müssen Seitenbetreiber die Zustimmung der Nutzer zur Verwendung von Cookies einholen. Von dieser Verpflichtung ausgenommen sind Session Cookies, weil sie unabdingbar sind. Der Betreiber muss allerdings über ihr Vorhandensein informieren.

Copy & Paste [koppi änd päjßt]. Wörtlich: „kopieren und einfügen". Beschreibt einen am Computer häufig durchgeführten Arbeitsschritt, wenn man z.B. beim Verfassen von Texten einen schon vorhandenen Begriff oder Satzteil kopiert und an anderer Stelle einfügt. Abgesehen von der Verwendung der rechten Maustaste und der Auswahl des entsprechenden Menüpunkts, kann man diesen Arbeitsschritt auch per Tastenkombination (► Shortcut [schohrtkatt]) erledigen: Strg+C fürs Kopieren und Strg+V fürs Einfügen.

Cortana ► Sprachassistent

Core ► Prozessorkern

CPU die, ► Prozessor

Creative Commons [kriäjtif kommens]. Schöpferisches Gemeingut. Abgekürzt: **CC**. Oft auch als Creative-Commons- oder **CC-Lizenz** zu finden. Es geht dabei ums Urheberrecht. Werke wie Fotos oder Musik unter CC-Lizenz werden von den Urhebern unter bestimmten Bedingungen zur (oft sogar kostenlosen) Nutzung freigegeben, ohne dass man sie als Nutzer eigens um Erlaubnis fragen muss. Die jeweiligen Nutzungsbedingungen müssen aber auf jeden Fall eingehalten werden. Hinter Creative Commons steckt eine Organisation, welche die verschiedenen Arten von CC-Lizenzen erarbeitet hat. Bitte beachten Sie auch die Definition von ► Public Domain.

Cropping das, [kropping]. (Engl.) crop = abschneiden, stutzen. Da z.B. Kinofilme ein anderes Seitenverhältnis (Breite zu Höhe) als TV-Bilder haben, werden sie bei der Ausstrahlung im Fernsehen zurechtgeschnitten. Diesen technischen Vorgang nennt man Cropping. Dadurch fehlen zwar Teile des Bildes, aber es wird verhindert, dass die Darstellung etwa durch Zusammenstauchen verzerrt wird.

Crowdfunding das, [kraud-fanding]. **Gruppenfinanzierung**. Auch **Schwarmfinanzierung** genannt. Zusammengesetzt aus (engl.) crowd = Menschenmenge und funding = Finanzierung. Crowdfunding ist eine relativ neue Art, um (technische) Projekte vorzufinanzieren. Eine Idee wird im Internet vorgestellt, in der Hoffnung, dass sich möglichst viele Menschen mit einer für den Einzelnen vergleichsweise geringen Summe daran beteiligen und sie so realisiert werden kann. Scheitert das Projekt, gibt es allerdings keine Garantie, dass man das eingesetzte Geld zurückerhält.

Cube der, [kjuhb]. (Engl.) cube bezeichnet die geometrische Figur eines Würfels. Der Begriff taucht manchmal im Zusammenhang mit technischen Geräten fürs ► Streaming oder für den Internetzugang (► Router) auf. Cube steht nicht für eine Funktion, sondern lediglich für die äußere Form dieser Geräte.

Cyber- ► Cyberspace

Cybercrime das, ► Internetkriminalität

Cyberspace der, [ßajber-ßpäjß]. Ein künstlich geschaffener Raum, eine Scheinwelt, die lediglich im Computer existiert (siehe auch ► virtuelle Realität). Der Begriff ist hergeleitet von der Kybernetik, also der Wissenschaft von der Steuerung und Regelung von Maschinen, sowie von (engl.) space = Raum. Im allgemeinen Sprachgebrauch steht Cyberspace bzw. **Cyber-** in Kombination mit anderen Wörtern aber auch für das ► Internet. Ein Beispiel dafür ist Cybercrime [ßajber-krajm] als alternativer Ausdruck für die ► Internetkriminalität.

Daemon

der, [dihmen]. Wer auch immer die Bezeichnung ausgewählt haben mag, diese Dämonen sind nicht furchteinflößend. Ein Daemon ist ein im Hintergrund laufendes Computerprogramm, das bestimmte Dienste zur Verfügung stellt. Am ehesten konfrontiert wird man mit dem **Mailer Daemon** [mäjla dihmen]. Dieser schickt automatisch eine Fehlermeldung, sofern eine ► E-Mail nicht zugestellt werden konnte und scheint in dieser Benachrichtigung auch namentlich auf.

Darknet

das, [dahrknett]. Sinngemäß: Dunkles Netz. Ein mit dem ► Internet vergleichbares weltweites ► Netzwerk, das aber nach außen hin abgeschottet ist, von den üblichen ► Suchmaschinen nicht erfasst wird und auf das man nicht ohne Weiteres Zugriff erhält. Das Darknet hat einen schlechten Ruf, weil es zu rund 60 Prozent für illegale Aktivitäten – darunter kriminelle Zwecke, Drogen- und Waffenhandel – genutzt wird. Andererseits spielt es z.B. als anonymisiertes Kommunikationsmedium eine große Rolle in Ländern, in denen das Internet staatlich kontrolliert und die Meinungsfreiheit unterdrückt wird.

Dashboard

das, [däschboad]. Die englische Bezeichnung fürs Armaturenbrett im Auto oder im Flugzeug. Im Computerbereich meint Dashboard ein Programm, das zur Verwaltung von Funktionen oder Geräten (z.B. ► Server) dient. Dementsprechend bietet das Dashboard einen Überblick über deren Betriebszustand und Informationen über allfällige Probleme.

Data Mining

das, [däjta-majning]. Wörtlich: das Datenschürfen. Data Mining ist der englische Ausdruck für das (professionelle) Datensammeln im großen Stil (siehe auch ► Tracking).

Datei

die. Der Begriff ist hergeleitet von der altbekannten Kartei als einer geordneten Sammlung von Daten. Im Computerbereich werden zusammengehörende Daten in einer Datei abgespeichert. Das kann zum Beispiel einfach nur Text sein. Eine Musikdatei wiederum enthält alle Daten, die zu einem bestimmten Lied gehören. Da diese Daten eine festgelegte Anordnung haben, kann man eine Datei immer wieder öffnen und schließen und den Inhalt nutzen. Dateien eines Typs sind durch ein einheitliches **Dateiformat** gekennzeichnet. Bekannte Dateiformate sind z.B. DOCx für Textdateien (► Word), ► MP3 für Musikdateien, ► MP4 für Videodateien oder ► JPG für Bilddateien. Die Bezeichnung des jeweiligen Dateiformats ist auch ein Anhängsel des Dateinamens und von diesem durch einen Punkt getrennt. Man spricht hier von der **Dateiendung** oder **Dateinamenerweiterung** (z.B. hallstatt.jpg oder bundeshymne.mp3). Das Anzeigen der Dateiendung kann in den Computereinstellungen ausgeblendet werden, sie ist aber trotzdem immer vorhanden. Da die Dateiformate standardisiert sind, gibt es oft mehrere verschiedene Programme, mit denen man ein bestimmtes Format öffnen kann. Der englische Begriff für Datei, der mitunter auch im Deutschen verwendet wird, ist der oder das **File** [fajl]. Im englischen Sprachraum hat File eine weiter gefasste Bedeutung, dort bezeichnet es neben der einzelnen Datei auch ganze ► Ordner.

Dateiendung die, ► Datei

Datei-Explorer der, ► Dateimanager

Dateiformat das, ► Datei

Dateimanager der, [-mänädscher]. Von (engl.) manage = verwalten. Während das ► Dateisystem im Hintergrund für die Organisation der Inhalte zuständig ist, ist der Dateimanager das Werkzeug, um sich in dem Organisationssystem zurechtzufinden. Auf ► Windows- und ► Apple-Computern sowie auf ► Smartphones mit dem ► Betriebssystem Android sind Dateimanager vorinstalliert. Der bekannteste ist der **Windows-Explorer**, der mittlerweile **Datei-Explorer** oder auch nur noch **Explorer** [eksplohra] heißt, von (engl.) explore = erkunden, auskundschaften. Den Explorer darf man nicht verwechseln mit dem altbekannten ► Browser namens Internet Explorer. Der Dateimanager von Apple heißt Finder [fajnda], von (engl.) find = finden. Zum Suchen und Finden von ► Ordnern und ► Dateien sind die Dateimanager auch gedacht. Außerdem kann man Ordner und Dateien damit verschieben, kopieren, löschen oder neue Ordner anlegen.

Dateinamenerweiterung die, ► Datei

Dateisystem

das. Ein Dateisystem ist ein im Hintergrund laufendes Organisationssystem, mit dessen Hilfe ein ► Betriebssystem ► Dateien speichern, lesen, ändern oder auch löschen kann. Das Standard-Dateisystem von ► Windows heißt NTFS [en-te-ef-es]. Aber auch das mittlerweile in die Jahre gekommene FAT32 [fatt oder fätt] wird immer noch verwendet, z.B. für USB-Sticks. Jedes ► Speichermedium ist mit einem bestimmten Dateisystem formatiert (► Formatierung). Nicht alle Dateisysteme sind untereinander ► kompatibel. Dateien, die von einem bestimmten Dateisystem erstellt wurden, können daher nicht (bzw. in Einzelfällen nur sehr eingeschränkt) von einem anderen Dateisystem gelesen und/oder geändert werden. Dies erklärt z.B. gewisse Unvereinbarkeiten zwischen ► Apple- und Windows-Computern.

Daten abgreifen

Ein in den Medien gern verwendeter Ausdruck für das gezielte Sammeln von Nutzerdaten im ► Internet. Wobei „abgreifen" in der Regel in einem negativen Zusammenhang verwendet wird; also dann, wenn das Datensammeln ohne Wissen der Nutzer und/oder aus unlauterer Absicht erfolgt.

Datenautobahn

die. Ein kaum noch verwendeter Begriff, der Ende des 20. Jahrhunderts von der US-Regierung als Information Highway [informäjschen hajwäj] geprägt wurde = wörtlich: Informationsautobahn. Im Prinzip handelt es sich einfach nur um ein Synonym für schnelles ► Internet.

Daten-Backup

das, ► Backup

Datenrate

die, ► Datenübertragungsrate

Datenroaming

das, ► Roaming

Datensicherung

die, ► Backup

Datenträger

der, ► Speichermedium

Datentransferrate

die, ► Datenübertragungsrate

Datenübertragungsrate

die. Auch: **Datenrate**, **Datentransferrate**, **Bitrate**. Ähnlich wie die ► Bandbreite bezieht sich Datenübertragungsrate auf die Geschwindigkeit einer ► Internetverbindung. Während die Bandbreite aber eher das technisch maximal Mögliche einer bestimmten Verbindungsart angibt, ist es bei der Datenrate die Menge an Daten, die innerhalb eines bestimmten Zeitraums über Kabel oder drahtlos übertragen werden kann bzw. tatsächlich übertragen wird. Dies ist nicht nur von technischen Einflüssen, sondern auch vom gewählten Tarif abhängig. Gemessen wird in ► Bit pro Sekunde (**Bit/s**) bzw. in größeren Einheiten wie **Kilobit (Kbit/s)**, **Megabit (Mbit/s)** oder **Gigabit (Gbit/s)**. Am weitesten verbreitet sind derzeit Internetverbindungen mit Datenraten im Mbit-Bereich. Unterschieden wird zwischen **Downloadgeschwindigkeit** und der in der Regel langsameren **Uploadgeschwindigkeit**, also der Geschwindigkeit beim Herunterladen bzw. beim Hochladen von Daten (► Download). Im Prinzip genügen bereits 5 Mbit/s Downloadgeschwindigkeit, um einen Film in ausreichend hoher ► Auflösung zu ► streamen. Die aktuellen Basistarife versprechen meist 10 Mbit/s. Allerdings nennen die Anbieter in der Werbung immer die Maximalwerte und nicht die im Schnitt tatsächlich erreichten. Sind beim ► mobilen Internet die Empfangsbedingungen nicht optimal oder sind mehrere Familienmitglieder gleichzeitig im Internet unterwegs, dann kann es beim Streamen zu störenden Unterbrechungen kommen. Empfehlenswert ist daher ein Tarif mit einer angegebenen Downloadgeschwindigkeit von 20 oder noch besser 30 Mbit/s. Die Uploadgeschwindigkeit sollte zumindest bei 8 bis 10 Mbit/s liegen. Laut Statistik sind Tarife mit 30 Mbit/s Downloadgeschwindigkeit am weitesten verbreitet. Sie bieten offenbar das beste Preis-Leistungs-Verhältnis bzw. ist der Bedarf an höheren Geschwindigkeiten derzeit kaum gegeben. Angeboten werden sie trotzdem: Das mobile Internet kommt im LTE-Netz (4G) auf bis zu 300 Mbit/s beim Download (50 Mbit/s Upload) und mit dem im Aufbau befindlichen 5G-Netz sind es bis zu 500 (Upload: 70) Mbit/s (mehr zu LTE und 5G siehe ► Mobilfunkstandard). Beim Festnetz-Internet sind – allerdings nur bei Bereitstellung mittels ► Glasfaserkabel – bis zu 1.000 (Upload: 100) Mbit/s möglich („Gigabit-Internet"). Internet via Telefon- oder Kabel-TV-Leitung erreicht diese besonders hohen Werte aus technischen Gründen nicht. Wobei auch die Kabel-TV-Anbieter mittlerweile in Glasfaserkabel investieren. Nicht verwechseln darf man Megabit (Mbit) mit Megabyte (MB) als Angabe für die Größe von ► Dateien oder den Speicherplatz von ► Festplatten. Die beiden Einheiten hängen trotzdem eng zusammen: Ein Megabyte besteht aus acht Megabit (► Bit). Das heißt, bietet der Tarif eine Geschwindigkeit von acht Mbit/s, wird pro Sekunde ein Megabyte übertragen. Zur Orientierung: Ein gutes Handyfoto ist rund vier bis fünf Megabyte groß, die Übertragung würde also vier bis fünf Sekunden dauern.

Datenvolumen das. Die meisten Mobilfunktarife beinhalten heutzutage nicht nur eine bestimmte Anzahl an Gesprächsminuten pro Monat, sondern auch ein bestimmtes Datenvolumen für die Nutzung des ► mobilen Internets. Dieses monatliche Guthaben wird verbraucht, indem man z.B. mit dem Handy im ► Internet ► surft, Musik oder Videos ► streamt oder ► Soziale Medien wie Facebook oder WhatsApp verwendet. Das Datenvolumen ist unabhängig von der verfügbaren Übertragungsgeschwindigkeit (► Datenübertragungsrate).

Datenwolke die, ► Cloud

DDoS-Angriff der, [di-di-ou-es-]. DDoS ist die Abkürzung von Distributed Denial of Service [distribjuted dinajäl of ßöawiss]. Ein DDoS-Angriff ist sinngemäß ein „verteilter Dienstverweigerungs-Angriff". Das heißt: Ein riesiges ► Netzwerk aus einzelnen Computern schickt ununterbrochen automatisierte Anfragen an einen bestimmten ► Server, bis dieser vor lauter Überlastung lahmgelegt wird. Genau das ist auch das Ziel der Angreifer, nämlich ein ganzes Unternehmen, das seine Dienste im ► Internet anbietet, lahmzulegen, um ihm dadurch zu schaden, dass es für seine Kunden nicht mehr erreichbar ist.

DDR-SDRAM ► Arbeitsspeicher

decrypt ► Verschlüsselung

Decryption ► Verschlüsselung

dediziert Vom lateinischen Wort dedicare hergeleitet, bedeutet dedizieren, dass man etwas für jemanden bestimmt, also z.B. als Autor sein Buch einem Leser widmet. Im Deutschen eher selten verwendet, ist das Wort über den Technikbereich ein zweites Mal zu uns gekommen, und zwar im Sinne von zweckbestimmt. (Engl.) dedicated [dedikäjted] = dediziert wird im Zusammenhang mit ► Hardware verwendet, der eine spezielle Aufgabe zugeordnet ist. Ein dedizierter ► Server wird in einem ► Netzwerk mit seiner vollen Leistung für einen genau definierten Zweck eingesetzt. Eine dedizierte ► Grafikkarte steht ausschließlich für die Videobearbeitung oder für Computerspiele zur Verfügung und muss ihre Leistung nicht mit anderen ► Komponenten teilen. Nicht verwechseln darf man dediziert mit dezidiert = energisch, entschieden, mit Bestimmtheit.

Deepfake das, [dihp-fäjk]. Zusammengesetzt aus den englischen Begriffen Deep Learning [dihp lörning] = tiefgehendes Lernen (► Künstliche Intelligenz) und Fake [fäjk] = Fälschung. Ein Deepfake ist ein Video (mitunter auch eine Tonaufnahme), das mithilfe von Künstlicher Intelligenz verändert wurde. So können Gesichter durch andere ersetzt werden oder Personen Aussagen in den Mund gelegt werden, die sie nie getätigt haben. Es gibt mittlerweile Programme, mit denen selbst Laien solche Fälschungen relativ leicht bewerkstelligen können. (Siehe auch ► Face Swapping.)

Deep Learning das, ► Künstliche Intelligenz

Desktop der, [desktopp]. Wörtlich: Schreibtisch, Arbeitsoberfläche. Desktop wird bei uns in zwei verschiedenen Bedeutungen verwendet: 1.) für „Tischcomputer", also für einen ► PC, der auf dem Schreibtisch Platz findet; 2.) für die Arbeitsoberfläche, die am Ende des Startvorgangs auf dem Bildschirm des Computers aufscheint. Auf Windows-Computern wird dafür generell die Bezeichnung Desktop verwendet, auf deutschsprachigen Apple-Computern hingegen „Schreibtisch". In der Regel sieht man dort ein Foto als Bildschirmhintergrund sowie zumindest das „Papierkorb"-Symbol. Auf dem Desktop kann man aktuelle ► Dateien abspeichern, man sollte ihn aber zur Bewahrung der Übersicht nicht überfüllen.

Detachable der, ► PC

Device

das [diwajß]. (Engl.) device = Gerät, Apparat. Device meint im Prinzip jedes technische Gerät, im engeren Sinn sind es jedoch solche, die tragbar und fürs ► Internet geeignet sind, also beispielsweise ► Smartphone, ► Tablet, Laptop (► PC) oder ► Smartwatch.

DHCP

► IP-Adresse

differentielles Backup

► Vollbackup

digital

► Digitalisieren

Digitale Rechteverwaltung

die, ► DRM

Digitale Signatur

die. Dient zur Bestätigung der Echtheit von elektronisch vorliegenden Dokumenten, die nicht eigenhändig von einer Person, einem Unternehmen, einer Institution oder Behörde unterzeichnet wurden. Die digitale Signatur basiert auf dem Verfahren der asymmetrischen Verschlüsselung. Der Unterzeichner verfügt über einen ihm zugeordneten privaten Schlüssel (eine geheime Zeichenfolge). Die Echtheitsprüfung erfolgt mittels öffentlichem Schlüssel. Mehr zum Thema finden Sie unter dem Lexikoneintrag ► Verschlüsselung. Auch der in Österreich angebotene Service der **Handy-Signatur** ist eine Form der Digitalen Signatur. Die Handy-Signatur kann auch ähnlich wie ein Lichtbildausweis zur Identifizierung verwendet werden, wenn man z.B. einen behördlichen Antrag stellt. Weiters erhält man mit ihr Zugang zum Pensionskonto und anderen persönlichen Daten.

Digitalisieren

das. Das Umwandeln von gedrucktem Text, Papierfotos, Tonaufnahmen auf Musikcassette, Schallplatte etc. in eine ► Datei, die vom Computer lesbar ist, also auf diesem darstellbar oder abspielbar ist. Im Zusammenhang mit Computer, ► Smartphone und ► Internet spricht man auch oft von der digitalen Welt. Der Begriff **digital** dient dabei als Abgrenzung zum Begriff ► analog, also zur Welt, die auch im technischen Bereich ohne Computertechnologie auskommt (bzw. in früheren Zeiten ohne diese auskommen musste). Im technischen Sinne versteht man unter digital eine Information, die mit einer begrenzten Anzahl von Ziffern dargestellt wird. Das gängigste digitale System, das vom Computer lesbar ist, ist das **Binärsystem** oder Dualsystem. Dieses besteht lediglich aus den Ziffern 0 und 1. Es wurde aus der Mathematik abgeleitet und hat seinen Ursprung im späten 17. Jahrhundert. Die Zahlen 1 bis 5 werden im Binärsystem z.B. folgendermaßen dargestellt: 0001 = 1; 0010 = 2; 0011 = 3; 0100 = 4; 0101 = 5.

Digital Rights Management das, ► DRM

Digital Versatile Disc die, ► DVD

Digitalwährung die, ► Kryptowährung

DIMM ► Arbeitsspeicher

Disc/Disk die, [disk]. Die Aussprache ist identisch, die Schreibweise ähnlich und beide Begriffe bedeuten letztlich Platte oder Scheibe. Trotzdem wird im technischen Bereich streng unterschieden: Eine Disc ist ein optisches ► Speichermedium (z.B. ► CD, ► DVD, ► Blu-ray), eine Disk hingegen ist eine magnetische ► Festplatte.

Display das, [displäj]. (Engl.) **Bildschirm**, Anzeige. Display wird im Deutschen vor allem für die Bildschirme von ► Smartphones und ► Tablets verwendet und oft auch für jene von Notebooks (► PC). Bei den alleinstehenden Bildschirmen von Desktop-PCs (► PC) ist traditionell die Bezeichnung **Monitor** üblich. Den Begriff **Screen** [ßkrihn], gleichfalls mit der Bedeutung Bildschirm, findet man bei uns im Wort **Touchscreen** [tatsch-ßkrihn], von (engl.) touch = berühren. Es handelt sich dabei um einen berührungsempfindlichen Bildschirm, der mittels Finger oder Stift (► Stylus) bedient werden kann. Jedes Display, jeder Monitor, jeder Bildschirm kann zugleich ein Touchscreen sein, sofern er vom Hersteller mit der entsprechenden Technologie ausgestattet wurde.

Display-diagonale

die, [displäj-]. Auch: **Bildschirmdiagonale**. Bei ► Smartphones, ► Tablets und TV-Geräten ist es üblich, das Diagonalmaß des Bildschirms (ohne Rahmen) anzugeben. Das Problem ist, dass dieses Maß nur bedingt hilfreich ist. Erstens sagt es nichts über die Außenabmessungen des Gerätes selbst aus und zweitens liefert es auch keinen Hinweis auf das Format des Displays. Displays mit identischer Diagonale können unterschiedliche Seitenverhältnisse haben, sich also hinsichtlich Breite und Höhe unterscheiden. Hinzu kommt die Angabe in **Zoll**. Der Zoll, ein bei uns längst nicht mehr übliches Längenmaß, ist über den Technikbereich aus den USA wieder zurückgekommen. Ein **Inch** [insch], Mehrzahl: Inches [insches], entspricht 2,54 Zentimeter. Anstelle des ausgeschriebenen Wortes sieht man auch oft doppelte Anführungszeichen hinter der Zahl. Die Angabe 5,3" steht also für 5,3 Zoll/Inches. Beachten Sie, dass im angloamerikanischen Raum die Bedeutung von Komma und Punkt in der Mathematik vertauscht ist. Die Angabe 5.3" ist also identisch mit unseren 5,3". Die Zahl 150,000 hingegen schreibt man bei uns 150.000.

DisplayPort

[displäjport]. Eine bei Computern und TV-Geräten zu findende ► Schnittstelle für die Übertragung von Bild- und Tonsignalen. Der DisplayPort hat den DVI-Anschluss weitgehend abgelöst und steht in Konkurrenz zum ► HDMI-Anschluss.

DL

► DVD, ► Blu-ray

DNS

[de-en-es]. DNS steht im technischen Bereich für (engl.) **Domain Name System** [domäjn näjm ßistemm]. Es gibt keine deutsche Übersetzung dafür, sinngemäß bedeutet es: „System für ► Internetadressen". Verwendet wird aber in der Regel ohnehin nur das Kürzel DNS. Es bezeichnet einerseits das System der Internetadressen selbst, andererseits jenen Dienst, der beim Aufrufen einer ► Internetseite eine wichtige Rolle spielt. Seine Aufgabe ist es, Internetadressen, die ja üblicherweise auf einen Namen lauten (z.B. www.konsument.at) in eine vom Computer lesbare ► IP-Adresse, also eine Ziffernfolge zu übersetzen, die sich hinter den Buchstaben verbirgt. Dieser Vorgang heißt auch **Namensauflösung**. Jene Computer, die im ► Internet diese Aufgabe erfüllen, werden als DNS-Server oder **Name-Server** [näjm ßöawa] bezeichnet bzw. in der deutschen Form als **Namensserver** (► Server).

DOC/DOCx ► Word

Dock das. Gesprochen wie geschrieben. Dort, wo sich beim ► Windows-Computer die ► Taskleiste befindet, ist beim ► Apple-Computer das Dock. Diese Leiste am unteren Bildschirmrand ermöglicht den schnellen Zugriff auf häufig verwendete Programme und ► Dateien.

Docking-Station die. Docking spricht man wie geschrieben, die Aussprache von Station erfolgt wahlweise deutsch oder englisch [-ßtäjschän]. Eine Docking-Station ist ein Gerät, über das man externe Geräte mit dem Computer verbinden kann, sie also an diesen andocken kann, um z.B. Daten zu übertragen. Das kann etwa ein ► Smartphone oder eine Digitalkamera sein. Zugleich wird dieses Gerät mit Strom versorgt. Ein Vorteil einer Docking-Station gegenüber einem simplen Kabel ist, dass das externe Gerät dort einen festen Halt findet, das Smartphone also z.B. aufrecht steht und so leichter bedient werden kann. Außerdem kann eine Docking-Station diverse Zusatzfunktionen bieten wie etwa einen integrierten Lautsprecher.

Dokument das. Genau genommen ist ein Dokument das, was man auf dem Computerbildschirm sieht (z.B. Text, Foto). Dieses kann dann in Form einer ► Datei auf dem Computer abgespeichert werden. In der Praxis kommt man mit dem Begriff Dokument aber nur bei Textdateien in Berührung, die im Dateiformat DOCx (► Datei bzw. ► Word) abgespeichert wurden, sowie bei solchen im ► PDF-Format. Die meisten anderen Formate nennt man im allgemeinen Sprachgebrauch Datei.

Dolby-Vision ► HDR

Domain die, ► Internetadresse, ► E-Mail

Domainname der, ► Internetadresse, ► E-Mail

Domain Name System ► DNS, ► Internetadresse

Donationware die, [donäjschn-uäa]. Zusammengesetzt aus (engl.) donation = Spende und ► Software. Donationware ist vergleichbar mit ► Freeware. Es handelt sich also um kostenlos nutzbare Programme. Allerdings bittet der Entwickler um eine freiwillige Spende zur Finanzierung seiner Arbeit.

DOS ► Windows

Dot [dott]. Das englische Wort für Punkt. Im Technikbereich begegnet einem das Wort im Falle der englischen Aussprache als Bezeichnung für den Punkt zwischen der ► Internetadresse und ihrer Endung, also beispielsweise facebook.com. Da die Endung .com für kommerziell steht, wurde von amerikanischen Medien als Bezeichnung für eine Firma, die Internetdienstleistungen anbietet, der Überbegriff **Dotcom** kreiert.

Dotcom die, ► dot

dots per inch ► dpi

Double Layer ► DVD, ► Blu-ray

Download der, [daunloud]. Bezeichnet das Herunterladen von ► Daten aus dem ► Internet, um diese auf einem Computer oder ► Smartphone nutzen zu können. Es kann sich dabei um ► Apps und andere ► Software handeln, aber auch um Fotos, Musik, Videos oder Textdokumente. Das Gegenteil des Downloads ist der **Upload** [apploud], also das Hochladen von Daten ins Internet, etwa um sie auf einer ► Internetseite zu veröffentlichen oder sie in einer ► Cloud zu speichern.

Downloadgeschwindigkeit die, ► Datenübertragungsrate

dpi Abkürzung von (engl.) dots per inch [dots pöa insch] = Punkte pro ► Zoll. Bei uns wird nur die Abkürzung verwendet, die drei Buchstaben dpi werden einzeln hintereinander und deutsch ausgesprochen. Es handelt sich um das Maß für die Schärfe des Ausdrucks bei Druckern oder ► Scannern. Für qualitativ hochwertige Fotoausdrucke benötigt man 300 dpi.

Drittanbieter der. Gemeint ist ein Fremdhersteller, der seine Produkte (► Hardware ebenso wie ► Software) auf Grundlage von Originalprodukten erzeugt. So kann etwa jedes Programm, das nicht von ► Microsoft selbst entwickelt wurde, aber auf ► Windows-Computern läuft, als Drittanbieter-Software bezeichnet werden. Auch beim ► Smartphone-Zubehör wie Ladekabeln oder Kopfhörern gibt es ein großes Angebot an (meist preisgünstigeren) Drittanbieter-Produkten. Nicht immer funktionieren diese allerdings reibungslos. Es macht manchmal einen Unterschied, ob es sich um einen einfachen Nachbau handelt, oder ob der Originalhersteller diesen Nachbau lizenziert hat, um die ► Kompatibilität zu gewährleisten.

Drittanbieter-Cookie der oder das, ► Cookie

Drive der, ► Laufwerk

Driver der, ► Treiber

DRM Abkürzung von (engl.) **Digital Rights Management** [didschität rajts mänädschment] = **Digitale Rechteverwaltung**. Die drei Buchstaben DRM werden bei uns deutsch und einzeln hintereinander ausgesprochen. Es handelt sich um eine Form von **Kopierschutz** für Computerprogramme sowie für verschiedene Arten von ► Dateien (z.B. Filme, Musik, Bücher). DRM wird von den Anbietern eingesetzt, um die Urheberrechte zu schützen und die unkontrollierte Vervielfältigung der Werke zu unterbinden. Eines der bekanntesten Kopierschutzsysteme ist ► Adobe DRM.

Dropbox ► Cloud

DSL ► Festnetz-Internet

Dual-Core ► Prozessorkern

Dual Layer ► DVD, ► Blu-ray

Dual-SIM ► SIM-Karte

DuckDuckGo

▶ Suchmaschine

Duplex

Gesprochen wie geschrieben. Von (lat.) duplex = doppelt, zweifach. Im technischen Bereich begegnet man der Bezeichnung vor allem: 1.) beim Duplex-Druck. Das bedeutet, dass ein Drucker in der Lage ist, ein Blatt Papier beidseitig zu bedrucken; 2.) in der Kommunikations- bzw. Netzwerktechnik (▶ Netzwerk). **Halb-Duplex** bedeutet, dass die Kommunikation jeweils nur in eine Richtung, also von A nach B oder von B nach A erfolgen kann, nicht aber parallel in beide Richtungen. **Voll-Duplex** hingegen bedeutet, dass die Kommunikation zeitgleich in beide Richtungen zwischen A und B stattfinden kann. Mitunter begegnet man auch dem Begriff **Simplex**. Hier kann die Übertragung ausschließlich in eine Richtung, also immer nur von A nach B erfolgen.

DVD

die, [deh-fau-deh]. Von (engl.) **Digital Versatile Disc** [didschitäl wöasätajl disk]. Wörtlich: „digitale vielseitige Scheibe". Ein optisches ▶ Speichermedium für Daten aller Art. Während eine ▶ CD 650 MB Speichervolumen bietet, sind es bei einer DVD 4.700 MB = 4,7 GB (▶ Bit). Ähnlich wie bei den CDs unterscheidet man im Computerbereich zwischen der DVD-ROM und solchen mit den Zusatzbezeichnungen R bzw. RW. ROM (als Wort gesprochen) steht für (engl.) Read Only Memory [rihd ounli memmori]. Sinngemäß: „Lies nur den Speicher". Gemeint ist, dass der Inhalt einer **DVD-ROM** nur abgerufen, aber nicht verändert werden kann. Das R wiederum steht für (engl.) recordable [rikordäbl] = beschreibbar – und zwar genau ein Mal. Bis zu 1.000 Mal beschreibbar und wieder löschbar ist hingegen die DVD-RW (deutsch und als Einzelbuchstaben gesprochen). RW steht für rewritable [rihrajtäbl] = wiederbeschreibbar. Anders als bei den CDs unterscheidet man weiters zwischen **DVD+R** und **DVD+RW** sowie **DVD-R** und **DVD-RW** (gesprochen: plus R/plus R-W bzw. minus R/minus R-W). Es handelt sich um konkurrierende Formate, man muss aber beim Kauf mittlerweile nicht mehr darauf achten, weil die heutigen ▶ Brenner sowohl das Plus- als auch das Minus-Format mit Daten beschreiben können. Im privaten Bereich nicht durchgesetzt hat sich hingegen die gleichfalls wiederbeschreibbare **DVD-RAM**. Manchmal tragen beschreibbare DVDs die Zusatzbezeichnung **SL** oder **Single Layer** [ßingl läija], von (engl.) single = einfach und layer = Schicht.

Dies dient lediglich zur Unterscheidung von Produkten mit der Zusatzbezeichnung **Dual Layer** [djuäl läija] oder **Double Layer** [dabl läija]. Kurz: **DL**. DL weist darauf hin, dass es sich um eine Plus- oder Minus-DVD handelt, die über zwei beschreibbare Schichten verfügt (dual/double = doppelt). Dies erhöht das Speichervolumen einer einzelnen DVD auf 8,5 GB.

DVD-Brenner der, ► Brenner

DVD-RAM die, ► DVD

DVD-ROM die, ► DVD

DVD-R/RW die, ► DVD

DVD+R/RW die, ► DVD

DVI ► HDMI

Ebay [ihbäj]. Auch eBay geschrieben. US-amerikanisches Internet-Auktionshaus, das bereits 1995 gegründet wurde. Anfangs dominierten Privatanbieter mit Gebrauchtwaren aller Art, heute bieten dort auch sehr viele kommerzielle Händler Neuware an.

E-Book das, [ih-buck]. Auch eBook geschrieben. Ein elektronisches Buch, das sowohl reinen Text als auch Text und Bilder enthalten kann. Um ein E-Book lesen zu können, benötigt man das entsprechende Programm auf Computer, ► Smartphone oder ► Tablet bzw. das passende Lesegerät, also einen ► E-Book-Reader. Sowohl bei den Geräten als auch bei den Dateiformaten (► Datei) gibt es zwei konkurrierende Systeme, eines von ► Amazon und eines von der Tolino-Allianz rund um Thalia, Weltbild und weitere deutsche Buchhandelsketten. **AZW** und **MOBI** sind Amazon zugeordnet und nicht mit ► Software und Geräten außerhalb der Amazon-Welt nutzbar (AZW wird in Einzelbuchstaben gesprochen, MOBI als Wort). Somit gibt es auch keine andere Bezugsquelle für E-Books als Amazon selbst. Das von Thalia und Co verwendete Format **ePub** [ih-pabb] ist hingegen ein sogenannter offener Standard, der von allen Anbietern eingesetzt werden kann. Allerdings kommt bei neuen E-Books auch hier oft ein Kopierschutz (► DRM) zur Anwendung, in erster Linie **Adobe DRM**, verknüpft mit der Lesesoftware **Adobe Digital Editions** [adobe didschitäl edischns] = digitale (Buch-)Ausgaben. Damit soll unerlaubtes Kopieren unterbunden werden. Andererseits findet man im Internet eine große Zahl älterer, kostenloser E-Books im ePub-Format bzw. kann man diese z.B. ► online bei Büchereien entlehnen.

E-Book-Reader

der, [ih-buck-rihda]. Kurz: **E-Reader**. Lesegerät für elektronische Bücher (siehe auch ► Reader und ► E-Book). Mit der entsprechenden ► Software ist die Darstellung von E-Books auch auf Computern, ► Smartphones und ► Tablets möglich. Die E-Ink-Technologie (engl. ink = Tinte) der E-Book-Reader bietet allerdings gewisse Vorteile. **E-Ink** [ih-ink], entwickelt vom gleichnamigen taiwanesischen Hersteller, bezeichnet sowohl die elektronische Tinte als auch das „Papier", also den Bildschirmhintergrund. Die Technologie punktet mit sehr geringem Stromverbrauch (eine einmal aufgerufene Buchseite wird ohne weitere Stromzufuhr dauerhaft angezeigt), hohem Kontrast, sowie vom Blickwinkel unabhängigen entspiegelten Bildschirmen. In der optischen Wahrnehmung der Leser kommt die E-Ink-Technologie sehr nahe an gedruckte Buchstaben auf Papier heran, das Auge ermüdet weit weniger als etwa bei einem Tablet. Auch die Farbdarstellung mittels E-Ink ist mittlerweile möglich. Auf dem Markt konkurrieren zwei unterschiedliche Systeme, die andere Anbieter weitgehend verdrängt haben: Einerseits ► Amazon mit seinen **Kindle**-Geräten [kindl-], andererseits die Tolino-Allianz rund um Thalia, Weltbild und weitere deutsche Buchhandelsketten mit den **Tolino**-Geräten [tolino]. Der größte Unterschied ist das verwendete E-Book-Format (► E-Book). Mit einem Kindle-Gerät bindet man sich ausschließlich an Amazon und dessen Buchangebot, mit einem Tolino ist nicht nur die Auswahl der Bezugsquellen größer, man kann auch auf Leihbibliotheken öffentlicher Büchereien zurückgreifen.

E-Commerce

der, [ih-kommöaß]. Elektronischer Handel. Anderer Begriff für Online-Handel (► online), also für Handel mit Waren und Dienstleistungen im ► Internet.

Edge

► Browser

EDGE ► Mobilfunkstandard

EDV die, ► IT

E-Ink ► E-Book-Reader

Einloggen das, ► Log-in

Einmalpasswort das, ► Authenticator-App

Einrichtung die, ► Installation

einscannen ► Scanner

E-Mail die oder das, [ih-mäjl]. Auch eMail geschrieben. Das E steht für elektronisch und (engl.) mail = Post. Daher kommt auch die weibliche Form „die" E-Mail. Da wir umgangssprachlich aber eher das Ding an sich benennen, hat auch „das" E-Mail seine Berechtigung und mittlerweile Eingang in den Duden gefunden. E-Mails sind eine bewährte Form der schriftlichen Kommunikation im ► Internet, wenn auch nicht die sicherste. Die Nachricht selbst ist nämlich in der Regel nicht verschlüsselt (► Verschlüsselung), sondern entsprechend abgesichert ist nur der Transportweg zwischen Sender und Empfänger. So gesehen kann man eine E-Mail weniger mit einem Brief im verschlossenen Kuvert, sondern eher mit einer Postkarte vergleichen. Um E-Mails nutzen zu können, benötigt man zunächst einmal ein ► Benutzerkonto = **E-Mail-Konto** bei einem **E-Mail-Provider** [-prowajder] (► Provider) = **E-Mail-Anbieter**. Jeder dieser Anbieter betreibt einen **E-Mail-Dienst** (oder manchmal auch mehrere). Einige dieser Dienste sind kostenpflichtig, andere sind kostenlos nutzbar. Man spricht dann auch von **Freemail**-Diensten, von (engl.) free [frih] = gratis. Bekannte Gratisdienste sind Gmail [dschihmäjl] von ► Google oder der deutsche Dienst GMX (in Einzelbuchstaben gesprochen) der 1&1 Mail und Media GmbH. Vom Anbieter Ihrer Wahl erhalten Sie Ihre persönliche **E-Mail-Adresse**. Diese besteht aus einem Namensteil (frei wählbar, sofern nicht bereits an eine andere Person vergeben), dem Sonderzeichen @ [ätt] (► Klammeraffe) und einem Hinweis auf den E-Mail-Anbieter oder den verwendeten

E-Mail-Dienst (z.B. A1, drei, gmail, gmx). Es handelt sich dabei um den sogenannten **Domainnamen** oder die **E-Mail-Domain**, kurz: **Domain**, von (engl.) domain [domäjn] = Bereich. Auch für die Domain gibt es eine personalisierte Lösung, die ist allerdings aufpreispflichtig. Dazu kommt dann noch ein Länderkürzel wie z.B. .at oder .de (es muss aber nicht zwingend ein Länderkürzel sein. Mehr dazu finden Sie unter dem Eintrag ► Internetadresse). Mögliche E-Mail-Adressen lauten somit: max.muster@gmx.at, mmuster@gmx.at oder m_muster@gmx.at. Nur mit eigener kostenpflichtiger Domain ist hingegen die Variante max@muster.at möglich. E-Mails empfangen und senden können Sie a) via ► Browser, nachdem Sie sich bei Ihrem Benutzerkonto angemeldet haben. Man spricht hier von **Webmail** [webb-mäjl], von (engl.) web = Netz, Internet. Das Programm, das der E-Mail-Anbieter im Browser bereitstellt, nennt man auch den **Webclient** [webb-klajent]. b) Die Alternative ist der E-Mail-Empfang und -versand am Computer oder ► Smartphone. Das **E-Mail-Programm**, das man dort verwendet, wird auch als der **E-Mail-Client** bezeichnet (zum Stichwort Client siehe auch ► Server). So oder so haben Sie nun Ihr eigenes **E-Mail-Postfach** (englisch ► Mailbox [mäjlbocks]), in dem die an Sie geschickten Nachrichten eintreffen. Zum Thema der unerwünschten bzw. verdächtigen E-Mails beachten Sie bitte den Lexikoneintrag ► Spam.

E-Mail-Alias

der [ih-mäjl-äjliäs]. Auch **Alias-Adresse** oder nur Alias genannt. Bei vielen E-Mail-Anbietern haben Sie die Möglichkeit, zusätzlich zu Ihrer Hauptadresse eine oder mehrere individuelle Alias-Adressen einzurichten. Das ist praktisch, wenn Ihre Hauptadresse z.B. auf Ihren vollen Namen lautet, Sie diese aber nicht bei jeder Gelegenheit weitergeben möchten. Alias-Adressen sind immer mit der Hauptadresse und dem dazugehörigen E-Mail-Postfach verknüpft. Egal, an welche dieser Adressen jemand ► E-Mails schickt, diese landen immer im selben Posteingangsordner.

E-Mail-Adresse

die, ► E-Mail

E-Mail-Anbieter

der, ► E-Mail

E-Mail-Anhang

der, ► Attachment

E-Mail-Client der, ► E-Mail

E-Mail-Dienst der, ► E-Mail

E-Mail-Domain die, ► E-Mail

E-Mail-Konto das, ► E-Mail

E-Mail-Postfach das, ► E-Mail

E-Mail-Programm das, ► E-Mail

E-Mail-Provider der, ► E-Mail

E-Mail-Signatur die. Abschnitt am Ende einer ► E-Mail, der Informationen zum Absender enthält (Name, Adresse, Funktion, Logos, Bilder etc.). Die **Signatur** kann individuell gestaltet werden, sie der E-Mail beizufügen, ist optional.

Emoji das, ► Emoticon

Emoticon das, [imoutikon] bzw. deutsch [emohtikon]. Das Wort ist zusammengesetzt aus (engl.) emotion [imouschän] = Gefühl, Emotion und icon [ajkann] = Symbol. Der Begriff Emoticon steht für diverse Schriftzeichen auf Basis des ► ASCII-Codes (Doppelpunkt, Strichpunkt, Bindestrich, runde Klammer etc.), die kombiniert gesetzt bestimmte Stimmungen und Gefühlszustände ausdrücken. Die ersten davon tauchten bereits Ende des 19. Jahrhunderts in amerikanischen und europäischen Zeitschriften auf, auch wenn sie damals noch nicht Emoticons hießen. Ihren ersten großen Erfolg feierten die Emoticons dann ab Anfang der 60er Jahre des 20. Jahrhunderts und zwar in Form der bekannten gelben Lachgesichter, der **Smileys** [ßmajlihs] (Einzahl: der oder das Smiley). Diese wie auch die klassischen Emoticons wurden in die Welt der Computer, ► Smartphones und ► Sozialen Medien übernommen und um zahlreiche weitere Symbole ergänzt. Für die bunten Nachfolger der Smileys etablierte sich im Laufe der Zeit die Bezeichnung **Emoji** [emodschi]. Darin klingt zwar ebenfalls das Wort Emotion an, der Begriff stammt aber eigentlich aus dem

Japanischen und ist zusammengesetzt aus den Wörtern für „Bild" und „Schriftzeichen". Umgangssprachlich hört man mitunter den Ausdruck „WhatsApp-Smileys", weil WhatsApp einfach der beliebteste ► Instant Messenger ist. Damit gemeint sind ebenfalls die Emojis. Eine Kreation der Firma ► Apple sind hingegen die Begriffe **Memoji** [mimodschi] und **Animoji** [animodschi]. In Memoji steckt das Wort me = ich. Ein Memoji ist ein personalisiertes Emoji, das man auf dem iPhone erstellen und an das eigene Aussehen angleichen kann. Ein Animoji wiederum ist ein animiertes Emoji, das über die iPhone-Kamera die Mimik des Benutzers übernehmen kann.

encrypt

► Verschlüsselung

Encryption

► Verschlüsselung

Ende-zu-Ende-Verschlüsselung

die, ► Verschlüsselung

entpacken

Unter dem Lexikoneintrag ► Kompression wird ein Verfahren zur Reduktion der Größe von ► Dateien erklärt, um sie schneller und datensparender versenden oder herunterladen zu können. Es gibt dabei zwei Möglichkeiten: Unter Qualitätseinbußen wird diese Technik bei Digitalfotos, Videoaufnahmen und Musik angewendet, das heißt Informationen der Originaldatei gehen unwiederbringlich verloren. Muss hingegen das Original verlustfrei wiederhergestellt werden – etwa bei Installationsdateien von Programmen – werden Informationen zusammengefasst. Man spricht jedemnfalls von **komprimieren**, **packen** oder **zippen**. Das Gegenteil davon heißt **extrahieren**, **entpacken** oder **entzippen**. Man kann zippen mit deutschem „z" aussprechen oder auch englisch [sippen]. mit stimmhaftem „s". Der Ausdruck zippen ist vom gängigsten Dateiformat (► Datei) für verlustfreies Komprimieren abgeleitet, nämlich **ZIP** (als Wort gesprochen). Und dieses wiederum lässt sich auf das englische Wort für Reißverschluss (zipper, kurz: zip) zurückführen. In ► Windows ist die Funktion zum Zippen und Entzippen integriert, man begegnet dort auch dem Ausdruck „ZIP-komprimierter ► Ordner". Manchmal wird man noch mit anderen Dateiformaten konfrontiert, die dem gleichen Zweck dienen. Sie heißen **RAR** und **TAR** (als Wörter gesprochen). Um diese zu entpacken, benötigt man in der Regel ein (kostenloses) Zusatzprogramm.

entschlüsseln ► Verschlüsselung

Entschlüsselung die, ► Verschlüsselung

Entwickler/ Entwicklerin der, die, ► Programmiersprache

entzippen ► entpacken

E-Paper das, [ih-päjpa]. In Anlehnung an das ► E-Book, also das elektronische Buch, ist ein E-Paper die elektronische Ausgabe einer Zeitung (englisch: newspaper [njuhspäjpa]). Dank moderner Darstellungsmöglichkeiten hat man heutzutage tatsächlich ein Abbild der gedruckten Ausgabe vor sich, kann einzelne Artikel zum Lesen vergrößern und kann mit dem Finger oder mithilfe von Schaltflächen (► Button) die Seiten umblättern.

ePub ► E-Book

Erpressungstrojaner der, ► Schadsoftware

erweiterte Realität die, ► Augmented Reality

Erweiterung die. Auch: das **Add-on** [ädd-on], von (engl.) add on = hinzufügen. Es handelt sich um eine kleine Zusatzsoftware, die den Funktionsumfang oder die Leistung eines vorhandenen Programms erweitert. Besonders viele Erweiterungen gibt es für die gängigen ► Browser. Ein Beispiel dafür sind ► Werbeblocker.

eSATA ► Festplatte

eSIM die, ► SIM-Karte

ESSID der, ► WLAN

Ethernet das, ► LAN

Ethernetkabel das, ► LAN

Excel [eksell, im Deutschen allerdings meist falsch eksl ausgesprochen]. Von (engl.) excel = sich hervortun, überbieten. Das Tabellenkalkulationsprogramm von ► Microsoft und Teil des ► Office-Pakets. Mit einem Tabellenkalkulationsprogramm kann man u.a. Tabellen und Diagramme erstellen sowie automatisierte Berechnungen durchführen. In Excel erstellte ► Dokumente sind an der ► Dateiendung **XLSx** (in älteren Versionen **XLS**) erkennbar.

EXE Als Wort gesprochen. Die Dateiendung (► Datei) EXE steht für (engl.) executable [ecksekjuhtäbl] = ausführbar. Eine EXE-Datei beinhaltet z.B. unter ► Windows alles, was zur ► Installation eines Programms auf dem Computer nötig ist. Ein Doppelklick auf die Datei startet den automatischen Installationsvorgang. Vorsicht! Bei EXE-Dateien unbekannter Herkunft kann es sich um ► Schadsoftware handeln.

Explorer der, ► Dateimanager

externe Festplatte die, ► Festplatte

extrahieren ► entpacken

Facebook ► Soziale Medien

Facebook Messenger ► Instant Messenger

Face-ID die, [fäjß-aj-dih]. Wörtlich: Gesichtsidentifizierung. Von ► Apple verwendete Bezeichnung für das Entsperren von iPhone und iPad mittels Gesichtserkennung.

Face Swapping das, [fäjß-swopping]. Auch: Face Swap, der [fäjß-swopp]. Gesichtertausch. Von (engl.) face = Gesicht und swapping = das Tauschen bzw. swap = der Tausch. Mithilfe entsprechender ► Software ist es möglich, die Gesichter zweier Personen auszutauschen. Dies ist eine Funktion diverser ► Apps und vor allem unter Jugendlichen ein beliebtes Gesellschaftsspiel. Ernst wird es allerdings, wenn die Technologie dazu verwendet wird, um die Wahrheit zu verfälschen (► Deepfake).

Fake News die, [fäjk-njuhs]. Falschnachricht(en). Von (engl.) fake = Fälschung, Schwindel und news = Nachricht(en), Neuigkeit(en). News ist im Englischen eine feststehende Form, es wird nicht zwischen Einzahl und Mehrzahl unterschieden. Bei der Verwendung im Deutschen stehen die Fake News jedenfalls immer in der Mehrzahl.

Fake-Shop der, ► Internetkriminalität

FAQ Aussprache deutsch: [eff-a-kuh] oder englisch: [eff-äj-kjuh]. Oft wird auch ein „s" angehängt: FAQs. Abkürzung von (engl.) Frequently Asked Questions [frihkwentli ahskt kwestschäns] = häufig gestellte Fragen. FAQ sind Bestandteil vieler Firmenseiten im Internet. Dort sind die wichtigsten Fragen und Antworten (z.B. ein Produkt oder einen Ablauf betreffend) zusammengefasst

Farbraum der. Ein Farbraum beinhaltet jeweils sämtliche Farben, die z.B. auf einem Computerbildschirm oder auf einem Papierausdruck darstellbar sind. Je nach Darstellungsmethode gibt es unterschiedliche Farbräume. Für uns interessant sind zwei davon: Am Computer ist es der **RGB**-Farbraum. Die drei Buchstaben werden deutsch und einzeln hintereinander ausgesprochen und stehen für die Grundfarben Rot, Grün und Blau. Durch unterschiedliche Mischungen dieser drei ergeben sich rund 16,8 Millionen unterschiedliche Farben. Je mehr Farbe verwendet wird, desto heller wird das Bild. Alle drei in voller Stärke ergeben zusammen Weiß. RGB eignet sich aber nicht für den Ausdruck. Der Farbraum dafür ist **CMYK** [ßih-em-uaj-käj]. Das ist die Abkürzung für die Grundfarben Cyan (C [tsüjahn] = Blau), Magenta (M [magenta] = Rot), Yellow (Y [jellou] = Gelb) sowie Black (K [bläck] = Schwarz). Der Unterschied zu RGB: Je mehr Farbe eingesetzt wird, desto dunkler ist bei CMYK das Ergebnis. Die Mischung von je 100 Prozent Cyan, Magenta und Yellow ergibt allerdings nur Dunkelbraun, weshalb man zusätzlich das reine Schwarz benötigt. Daten am Computer werden in der Regel in RGB dargestellt, weshalb sich der Ausdruck von der Bildschirmdarstellung unterscheidet. Wenn man Unterlagen für den professionellen Druck vorbereitet, sollte man diese zuvor von RGB nach CMYK umwandeln bzw. (falls man mit einem Bildbearbeitungsprogramm arbeitet, das über diese Funktion verfügt) sie von Beginn an im CMYK-Farbraum erstellen.

Farbtiefe

die. Die Farbtiefe ist eine wichtige Kennzahl für Computergrafiken. Sie besagt, wie viele Farbabstufungen für jeden einzelnen Bildpunkt (► Pixel) zur Verfügung stehen.

FAT32

► Dateisystem

Feature

das, [fih-tscha]. (Engl.) feature = Merkmal, Eigenschaft, Funktion einer Sache. Und in dieser Bedeutung wird der Begriff auch im Deutschen verwendet. Oft wird z.B. beschrieben, welche Features ein neues technisches Gerät zu bieten hat.

Feedback

das, [fihdbäck]. (Engl.) feedback = Rückkopplung, Rückmeldung. Der Begriff hat nicht unmittelbar mit dem Computerbereich zu tun, sondern stammt aus der Elektronik bzw. Elektrotechnik. Als Rückmeldung im Sinne einer schriftlichen oder mündlichen Reaktion auf eine Anfrage hat er den Weg in unsere Alltagssprache gefunden.

Fenster

das, ► Windows

Fernwartung

die, ► Remotezugang

Fernzugriff

der, ► Remotezugang

Festnetz-Internet

das. Der Begriff kommt daher, dass der Zugang zum ► Internet in der Anfangszeit meist über die vorhandenen Festnetz-Telefonkabel (Kupferleitungen) erfolgte. Mittlerweile steht Festnetz-Internet für alle Arten von standortgebundenen, verkabelten Internetzugängen, sei es mittels Telefonleitung, Antennenkabel (Koaxialkabel wie z.B. beim Kabelfernsehen) oder moderner Glasfaserkabel, die besonders hohe Übertragungsgeschwindigkeiten ermöglichen. Die standortunabhängige, kabellose Alternative zum Festnetz-Internet ist das ► mobile Internet via Mobilfunknetz. Im Zusammenhang mit dem Festnetz-Internet stößt man mitunter auf Bezeichnungen wie **ADSL**, **VDSL** oder **xDSL** (alle deutsch und in Einzelbuchstaben ausgesprochen). Diese Abkürzungen verweisen auf den technischen Übertragungsstandard **DSL**, von (engl.) Digital Subscriber Line [didschitäl sabßkrajba lajn] = Digitaler Teilnehmeranschluss. ADSL und VDSL sind verschiedene Weiterentwicklungen davon, das x in xDSL dient lediglich als Platzhalter für die unterschiedlichen Versionsbezeichnungen.

Festplatte

die. Allgemein verstanden ist die Festplatte das zentrale ► Speichermedium eines Computers, auf dem sich sowohl die Daten als auch das ► Betriebssystem befinden. Daneben gibt es tragbare **externe Festplatten**, die in einem eigenen Gehäuse untergebracht sind und mit dem Computer (oder auch dem Fernseher) verbunden werden können. Sie dienen üblicherweise als reine Datenspeicher, etwa zum Anlegen eines ► Backups. Im technischen Sinne meint der Begriff Festplatte ausschließlich die althergebrachte **magnetische Festplatte**, auf englisch Hard Disk oder **Hard Disk Drive** [hahrd disk drajw] = Festplattenlaufwerk genannt (egal ob eingebaut oder extern; siehe auch ► Laufwerk). Daher kommt die oft zu lesende Abkürzung **HDD**, die bei uns deutsch und in Einzelbuchstaben ausgesprochen wird. Obwohl es im Deutschen meist „der" Hard Disk Drive heißt, ist die HDD üblicherweise weiblich, weil der Begriff Hard Disk/Festplatte im Vordergrund steht. Mitunter wird sie aufgrund ihrer beweglichen Bestandteile auch als mechanische Festplatte bezeichnet. Die HDD verfügt über einen elektronisch gesteuerten Schreib- und Lesekopf. Er richtet die Magnetteilchen auf der Platte unterschiedlich aus, wodurch die Informationen abgespeichert werden. Wegen der beweglichen Teile ist eine magnetische Festplatte im Betrieb relativ stoßempfindlich und dadurch anfällig für Beschädigungen. Sowohl eingebaut als auch extern gibt es sie in zwei Größen, mit 2,5 bzw. 3,5 ► Zoll Durchmesser (6,35 bzw. 8,89 cm). Die kompakten 2,5-Zoll-Platten kommen vor allem in tragbaren Computern zum Einsatz bzw. sind sie als externe Festplatten leichter mitzunehmen. Externe 3,5-Zoll-Platten benötigen eine eigene Stromversorgung, für 2,5-Zoll-Platten genügt die Strommenge, die der via ► USB verbundene Computer oder Fernseher liefert; bei Akkubetrieb wird dieser dann freilich schneller leer. Die 2,5-Zoll-Platten sind in Relation teurer als die größeren Varianten und sie sind beim Lesen und Schreiben etwas langsamer (5.400 gegenüber meist 7.200 Umdrehungen pro Minute). Im Alltagsbetrieb fällt dieser Unterschied weniger ins Gewicht, manche Vorgänge wie das Kopieren großer Datenmengen oder umfangreiche ► Backups dauern aber entsprechend länger. Die moderne Nachfolgerin der magnetischen Festplatte ist die **SSD** (deutsch und in Einzelbuchstaben), auch sie weiblich, weil die Festplatte gedanklich mitschwingt, obwohl die drei Buchstaben für **Solid State Drive** [ßollid ßtäjt drajw] stehen = Festkörperspeicher. Vom Prinzip her ist die SSD eine Weiterentwicklung des Flash-Speichers (engl. flash [fläsch] = Blitz), wie man ihn vom USB-Stick, der ► SD-Karte und dem eingebauten Speicher der ► Smartphones kennt. Ein Flash-Speicher ist ein kompakter Speicherbaustein, der im Gegensatz zur magnetischen Festplatte ohne bewegliche Teile auskommt und somit unempfindlich gegenüber Erschütterungen ist. Außerdem sind SSDs geräuschlos. Die Speicherung erfolgt mittels elektrischer Ladungen, die auch ohne Stromversorgung über Jahre hinweg erhalten bleiben. Kennzeichen von SSDs ist unter anderem das intelligente Speichermanagement, was einen enormen Geschwindigkeitsvorteil gegenüber herkömmlichen Festplatten bringt. Auf dem Markt gibt es schließlich auch sogenannte **Hybrid-Festplatten** [hübrihd]. Ein Hybrid ist eine Mischung, eine Kreuzung. Hybrid-Festplatten kombinieren HDD (als Hauptbestandteil) und SSD – und das auch im Namen: Man findet sie unter den Bezeichnungen SSHD oder HHD (das erste H steht für Hybrid). Sie werden aus Kostengründen eingesetzt, weil SSD-Speicher noch immer relativ teuer ist. An die Geschwindigkeit reiner SSDs kommen die Hybride allerdings nicht heran. Sie sind als Kompromisslösung anzusehen und haben sich auf dem Markt auch nicht so recht durchgesetzt. Abschließend noch kurz zu den gebräuchlichen ► Schnittstellen, also den Anschlüssen für interne und externe Festplatten, weil man beim Kauf (etwa bei einem beabsichtigten Tausch der eingebauten Platte) mit diesen Begriffen konfrontiert wird: Der alte, nur noch selten verwendete

Standard für interne Festplatten ist **SCSI** [ßkahsi]. Abgelöst wurde er duch **SATA** [ßata] (auch: **S-ATA** oder **Serial ATA** [ßihriäl]). Mittlerweile gibt es mehrere Generationen von SATA-Anschlüssen bzw. SATA-Festplatten. Sie werden oft mit römischen oder arabischen Ziffern bezeichnet, etwa SATA 1, SATA 2, SATA III. Die Generationen sind untereinander ► kompatibel, eine ältere Festplatte an einem neuen Anschluss (oder umgekehrt) kann allerdings nicht die volle Übertragungsgeschwindigkeit ausschöpfen. Für externe Festplatten wurde als Alternative zum herkömmlichen USB-Anschluss die schnellere **eSATA**-Schnittstelle geschaffen (das e steht für external [eckstörnäl] = extern). Allerdings ist diese Art von ► Schnittstelle auf dem Computermarkt (noch) wenig verbreitet.

File das oder der, ► Datei

Filesharing das, [fajlschäring]. Von (engl.) file = ► Datei und sharing = das Teilen. Der Begriff Filesharing bezeichnet die Weitergabe von Musik, Videos etc. über das Internet. Meist ist der Vorgang über spezielle Tauschbörsen, sogenannte Filesharing-Plattformen organisiert. Dem Filesharing haftet etwas Negatives an, weil einige der Dienste dadurch bekannt geworden sind, dass von den Nutzern in großem Umfang urheberrechtlich geschützes Material weitergegeben wurde.

Filter der oder das. Im Computerbereich begegnet man dem Begriff Filter vor allem in drei Bedeutungen: 1.) als **Filterfunktion** im Rahmen einer Suchmöglichkeit, etwa auf einer ► Internetseite. Durch das Treffen einer Vorauswahl (= das Beschränken auf gewisse vorgegebene **Filterkriterien**) kann man die Suche verfeinern und beschleunigen; 2.) als Spamfilter, der unerwünschte oder verdächtige E-Mail-Nachrichten ebenfalls nach vorausgewählten Kriterien automatisch aussortiert (► Spam); 3.) im Sinne eines **Fotofilters**, angelehnt an jene Vorsatzlinsen, die man auf die Objektive von Kameras schraubt, um etwa gewisse Teile des Sonnenlichts auszufiltern. In Programmen und ► Apps zur Fotobearbeitung wird die Funktionsweise solcher Filter mit der ► Software nachgestellt. Filter eröffnen eine große Bandbreite an Möglichkeiten, um eine Aufnahme zu verbessern, aber auch stark zu verändern (z.B. Sonnenschein und blauer Himmel an einem trüben Tag oder das Motiv wird mithilfe eines sogenannten Kunstfilters in eine Bleistifzeichnung oder ein Gemälde umgewandelt). Fotofilter können nicht nur nachträglich, sondern auch direkt beim Fotografieren angewandt werden und man sieht das Ergebnis bereits vorab auf dem Bildschirm. In den ► Sozialen Medien dienen sie dann oft rein der Unterhaltung (z.B. Comicfilter).

Filterfunktion die, ► Filter

Filterkriterien die, ► Filter

Finder der, ► Dateimanager

Fire TV Stick ► Streaming

Firefox Wörtlich: Feuerfuchs, gemeint ist der Rotfuchs; mehr dazu siehe ► Browser, ► Mozilla

Firewall die, [fajawohl]. Wörtlich: Feuermauer. Eine Firewall ist ein im Hintergrund laufendes Programm. Es sitzt an der ► Schnittstelle zwischen dem Computer und dem ► Internet und überwacht die hereinkommenden und die hinausgehenden Datenpakete. Auf Wunsch, oder wenn sie verdächtige Aktivitäten registriert, kann die Firewall diese Datenpakete abblocken. Die Firewall ist bereits in das ► Betriebssystem des Computers integriert. Alternativ dazu kann man bei Verwendung eines ► Virenschutzpakets auch die dort mitgelieferte Firewall nutzen.

Firmware die, [föamwäa]. Die grundlegende, für den Betrieb notwendige ► Software von elektronischen Geräten. Dies betrifft nicht nur Computer und ► Smartphones, sondern etwa auch ► Smart-TVs, ► Router oder Digitalkameras. Ein konkretes Beispiel für Firmware ist das ► BIOS von Computern.

Fitnesstracker der, ► Tracking

Flash Player der, ► Adobe

Flash-Speicher der, ► Speichermedium

Flatrate die, [flät-räjt]. Pauschaltarif. Der englische Begriff Flatrate wird im Deutschen vor allem für Mobilfunk- und Internettarife verwendet. Er bedeutet, dass man für ein bestimmtes Angebot einen fixen monatlichen Pauschalpreis bezahlt, unabhängig davon, in welchem Umfang man dieses Angebot nutzt.

Flugmodus der. In Flugzeugen ist die Nutzung von elektronischen Geräten nur dann erlaubt, wenn die Verbindung zum Mobilfunknetz bzw. zum ► mobilen Internet getrennt ist. Computer und ► Smartphones bieten eine einfache Möglichkeit, diese Verbindung abzuschalten, meist in Form eines ► Buttons, der mit einem Flugzeugsymbol gekennzeichnet ist. Man spricht dann vom Flugmodus (auch: **Flugzeugmodus**), in dem sich das Gerät befindet. Ist er aktiviert, hat man nur noch Zugriff auf jene Daten, die auf dem Gerät selbst gespeichert sind bzw. kann man – sofern es zur Verfügung steht – über ► WLAN eine Verbindung zum Internet herstellen. Insofern entspricht der Flugmodus nicht dem Offline-Modus (► offline), bei dem jegliche Verbindung zum Internet unterbrochen ist.

Flugzeugmodus der, ► Flugmodus

Flüssigkristallanzeige die, ► Bildschirmtechnologie

Flüssigkristallbildschirm der, ► Bildschirmtechnologie

Follower der, [folloua]. Bezeichnung für eine Person, die die Beiträge einer anderen Person in einem ► Sozialen Medium nachverfolgt. Von (engl.) follow [follou] = folgen. Die Bezeichnung wird vom jeweiligen Medium selbst festgelegt. Facebook nennt die Follower z.B. Freunde.

formatieren ► Formatierung

Formatierung die. Die Formatierung bzw. der Vorgang des Formatierens hat im Computerbereich zwei Bedeutungen: 1.) Eine ► Festplatte oder auch ein USB-Stick (► Speichermedium) müssen formatiert werden, damit sie an einem Gerät mit einem bestimmten ► Betriebssystem verwendet werden können. ► Windows- und ► Apple-Computer beispielsweise verwenden nicht nur unterschiedliche Betriebssysteme, im Hintergrund laufen auch verschiedene ► Dateisysteme. Die Festplatte benötigt das richtige Format, damit man auf ihr überhaupt Daten speichern kann. Eingebaute Festplatten sind in der Regel vorformatiert, externe Festplatten muss man unter Umständen via Computer selbst formatieren (über die Datenträgerverwaltung bzw. bei Apple mit dem Festplattendienstprogramm). Beim Formatieren einer bereits verwendeten Festplatte gehen sämtliche darauf vorhandenen Daten verloren. Somit ist die Neuformatierung auch ein Weg, um Daten zu löschen. 2.) Auch am Computer erstellte Texte kann man formatieren. Das bedeutet in diesem Fall, dass man sie in eine ansehnliche, übersichtliche äußere Form bringt, die Schriftgröße ändert, Absätze und Überschriften einfügt, Wörter unterstreicht, fettet oder kursiv setzt etc.

Forum
das, ► Internetforum

Fotofilter
der oder das, ► Filter

FPS
Oft auch: fps. Dieser Abkürzung, die in die Zeit des klassischen Films zurückverweist, begegnet man heute u.a. im Zusammenhang mit Videoaufnahmen, etwa bei den technischen Details von Smartphone-Kameras. FPS steht für frames per second [fräjms pöa ßeckend] = Bilder pro Sekunde. Man spricht auch von **Framerate** [fräjmräjt] bzw. auf Deutsch **Bildrate** oder **Bildfrequenz**. Ab einer Bildrate von 18 FPS nimmt das menschliche Auge statt einer Abfolge von Einzelbildern eine flüssige Bewegung wahr. Je mehr Bilder pro Sekunde, desto flüssiger und realistischer wirkt die Aufnahme. Als Quasi-Standard bei Handyvideos haben sich 30 FPS etabliert, viele Geräte beherrschen aber auch 60 FPS. Solche qualitativ höherwertigen Aufnahmen benötigen allerdings auch mehr Speicherplatz.

Framerate
die, ► FPS

Freemail
► E-Mail

Freeware die, [frih-uäa]. Zusammengesetzt aus (engl.) free = gratis, kostenlos und ► Software. Anders als bei ► Adware gibt es bei Freeware keine Werbeeinblendungen, die Urheber verzichten auf jegliche Einnahmen. Freeware darf uneingeschränkt kopiert und weitergegeben werden, ohne dass das Programm jedoch wie bei ► Open Source verändert werden darf.

Frequently Asked Questions ► FAQ

Freunde die. Als Freunde werden auf Facebook all jene Personen bezeichnet, mit denen man über dieses ► Soziale Medium verbunden ist – unabhängig davon, ob man mit ihnen tatsächlich auch in der realen Welt befreundet ist. Mit ihnen kann man schriftliche Informationen austauschen (► Posting), man kann Fotos und Videos mit ihnen ► teilen und ihre privaten oder beruflichen Aktivitäten mitverfolgen.

Full HD ► Auflösung

Fwd/FW Abkürzung von (engl.) forwarded [fohrwarded], im Zusammenhang mit ► E-Mails in der Bedeutung: weitergeleitet. Die alternative deutsche Abkürzung lautet WG. Das Kürzel wird automatisch in die Betreffzeile eingefügt, wenn man auf die Option „Weiterleiten" klickt.

Galileo ► GPS

Gamer der, [gäjma]. Spieler, von (engl.) game [gäjm] = Spiel. Gamer ist die Bezeichnung für jemanden, der sich leidenschaftlich gerne mit Computerspielen beschäftigt. Das Spielen an sich wird **Gaming** [gäjming] genannt. Bitte beachten Sie auch die Unterscheidung zwischen den Begriffen Gamer und Player (siehe ► Player, Definition 2).

Gaming das, ► Gamer

Gastkonto das, ► Benutzerkonto

GB das, ► Bit

Gbit/s ► Datenübertragungsrate

gehackt ► Hacker

gemeinfrei ► Public Domain

Gemeinfreiheit die, ► Public Domain

Gerätetreiber der, ► Treiber

getaggt ► Tag

Geotagging das, [geotägging]. Zusammengesetzt aus (griech.) geo- = Erd- und (engl.) tagging [tägging] = mit einem Etikett (► Tag) kennzeichnen. Konkret bedeutet Geotagging, dass einem Foto in seinen ► Metadaten die geographischen Koordinaten zugeordnet werden. In der Regel erfolgt das Geotagging automatisch durch die Digitalkamera bzw. die Handykamera, sofern man diese Funktion nicht deaktiviert hat. Später kann man sich dann alle Fotos anzeigen lassen, die an einem bestimmten Ort aufgenommen wurden.

Gestensteuerung die. Wenn man mit einem oder zwei Fingern auf den ► Touchscreen eines ► Smartphones tippt oder darüberstreicht, spricht man von **Wischgesten** bzw. wird diese Art der Bedienung als Gestensteuerung bezeichnet. Wobei dies gewissermaßen die großzügige Auslegung des Begriffs ist. Im engeren Sinne versteht man unter Gestensteuerung die berührungslose Bedienung eines Geräts. Ein einfaches Beispiel: Man bewegt die Hand über das Smartphone, dieses nimmt über die Kamera die Bewegung wahr und zeigt die Uhrzeit an. Berührungslose Gestensteuerung ist allerdings noch wenig verbreitet.

GHz ► Taktfrequenz, ► WLAN

GiB das, ► Bit

GIF das, [giff]. Abkürzung von Graphics Interchange Format [gräficks intertschäjnsch formätt] = Grafik-Austauschformat. Es handelt sich um ein Dateiformat (► Datei) für Grafiken und Bilder, das eine verlustfreie ► Kompression ermöglicht. Die Besonderheit ist, dass auch mehrere Bilder übereinandergelegt werden können, die dann vom ► Browser oder vom ► Instant Messenger ähnlich wie ein kurzes Video in einer fließenden Abfolge dargestellt werden. Man spricht auch von animierten GIFs, das Kürzel für das Dateiformat dient also auch als Bezeichnung für das Produkt selbst. Diese kleinen Bewegtbilder sind im ► Internet und in den ► Sozialen Medien sehr beliebt.

Gigabit pro Sekunde ► Datenübertragungsrate

Gigabyte das, ► Bit

Gigahertz ► Taktfrequenz, ► WLAN

Glasfaserkabel das. Glasfaserkabel ist die geläufigere Bezeichung für **Lichtwellenleiter-Kabel**. Solche Kabel bestehen aus mehreren Schichten spezieller Glas- bzw. Kunststofffasern und werden unter anderem für ► Internet-Leitungen verwendet. Die Signale werden in Form von Lichtwellen übertragen. Anders als die traditionellen Kupferkabel haben Glasfaserkabel keinen Leitungswiderstand und erreichen daher sehr hohe Übertragungsgeschwindigkeiten (► Datenübertragsungsrate). Sie sind allerdings anfälliger für mechanische Beschädigungen von außen.

GLONASS ► GPS

Gmail ► E-Mail

GMX ► E-Mail

GNSS ► GPS

googeln

[guhgln]. Mithilfe einer ► Suchmaschine im ► Internet nach einem Begriff suchen. Abgeleitet vom Namen der weltweit meistgenutzten Suchmaschine ► Google (siehe Definition 2).

Google

[guhgl]. 1.) Ein US-amerikanisches Internet-Unternehmen, das in unterschiedlichsten Bereichen tätig ist. Google selbst ist mittlerweile ein Tochterunternehmen des **Alphabet**-Konzerns [älfabett-], ist aber auf jeden Fall die bekannteste Marke. Am häufigsten verbindet man damit wohl die ► Suchmaschine Google (siehe auch Punkt 2 dieses Lexikoneintrags). Zum Unternehmen gehören weiters das mobile ► Betriebssystem ► Android [ändrojd], die Videoplattform ► YouTube [juhtjuhb], der ► E-Mail-Dienst Gmail [dschihmäjl], der ► Browser Chrome [kroum], der Navigationsdienst Google Maps [mäps], der Online-Speicher (► Cloud) Google Drive [drajw] und eine Reihe weiterer meist kostenloser Angebote. Außerdem verdient Google viel Geld mit Online-Werbung. 2.) Die weltweit meistgenutzte ► Suchmaschine, die ab dem Jahr 1997 die Internet-Suche revolutioniert und mit ihrem Erfolg den Grundstein für einen weltweit tätigen Konzern gelegt hat. Der Name Google ist ein Kunstwort, ebenso wie das aus der Mathematik stammende, identisch ausgesprochene Wort Googol, von dem ihn die Firmengründer abgeleitet haben. Ein US-amerikanischer Mathematiker hat Googol Ende der 30er-Jahre kreiert, um damit die Zahl 10^{100} (1 mit 100 Nullen) zu benennen.

Google Assistant

► Sprachassistent

Google Chromecast

► Streaming

Google Docs

► Office-Paket

Google Drive

► Cloud

GPRS

► Mobilfunkstandard

GPS

das, [dschih-pi-ess]. Abkürzung von Global Positioning System [gloubäl posischjoning ßistemm] = Globales Positionsbestimmungssystem. Ein ursprünglich für das Militär in den USA entwickeltes System, das es erlaubt, mithilfe von Satelliten eine Standortbestimmung auf der Erde durchzuführen. Mittlerweile haben nicht nur Navigationsgeräte, sondern auch viele ► Smartphones und manche Digitalkameras einen GPS-Empfänger eingebaut. GPS ist nicht das einzige satellitengestützte Positionsbestimmungssystem, ist aber jenes, das sich weltweit am stärksten durchgesetzt hat. Aufgrund seiner Bekanntheit steht sein Name heute stellvertretend für alle Positionsbestimmungssysteme dieser Art. Der eigentliche Oberbegriff dafür lautet aber Global Navigation Satellite System [gloubäl nawigäjschn ßätellajt ßistemm] = Globales Navigationssatellitensystem, kurz: **GNSS**. Zu den Konkurrenzsystemen von GPS gehören u.a. **GLONASS** (Russland), **Beidou** [bejdo] (China) und **Galileo** (Europäische Union). Moderne Smartphones können – zusätzlich zu GPS – meist mit mehreren dieser Systeme kommunizieren. Ein Begriff, dem man im Zusammenhang mit den Smartphones ebenfalls begegnet, ist **A-GPS**. Das A steht für assisted [aßisted] und heißt „unterstützt". A-GPS ist somit „unterstütztes GPS". Das heißt: Um den Standort noch exakter zu bestimmen, als es mit den kostenlos nutzbaren Satellitensystemen möglich ist (kostenpflichtig bzw. für militärische Zwecke geht es genauer), ziehen viele Smartphones auch Daten von ► WLAN- und Mobilfunknetzen, ► Bluetoothverbindungen und anderen eingebauten Sensoren heran.

GPU ► Grafikkarte

Grafikchip der, ► Grafikkarte

Grafikkarte die. Auch: Grafikchip (► Chip). Ein Computerbauteil. Die Grafikkarte ist dafür verantwortlich, dass Daten auf dem Bildschirm überhaupt als Bild dargestellt werden können. Bei preisgünstigeren Computermodellen sind integrierte oder **Onboard-Grafikkarten** [onboad-] üblich. Diese sind fest ins ► Motherboard eingebaut und verwenden einen Teil des ► Arbeitsspeichers (RAM). Man spricht in diesem Fall von **Shared Memory** [schäad memmori] = geteilter Speicher. Aus Platzgründen findet man Onboard-Grafikkarten außerdem in vielen Notebooks (► PC). Leistungsstärker ist eine ► dedizierte Grafikkarte. Sie ist ein eigenständiger Bauteil und verfügt über einen eigenen **Grafikspeicher**. Auch: **Video-**

speicher oder **Video-RAM**. Die dritte mögliche Lösung ist ein **Grafikprozessor**, der sich ebenfalls auf dem Motherboard befindet oder in die CPU (► Prozessor) integriert ist. Er ist die Alternative zur dedizierten Grafikkarte. Man spricht dann von einer **GPU** [dschih-pi-juh], von (engl.) Graphic Processing Unit [gräfick proßessing juhnit]. Wörtlich: Grafikverarbeitungseinheit. Die drei Buchstaben GPU werden bei uns in der Regel deutsch ausgesprochen. Eine CPU, die mit einem zusätzlichen Grafikprozessor ausgestattet ist, bezeichnet man auch als **APU**, von Accelerated Processing Unit [äckßelleräjted proßessing juhnit], wörtlich: beschleunigte Verarbeitungseinheit.

Grafikprozessor
der, ► Grafikkarte

Grafikspeicher
der, ► Grafikkarte

Grafische Benutzeroberfläche
die, ► Benutzeroberfläche

Graphical User Interface
das, ► Benutzeroberfläche

Gruppenfinanzierung
die, ► Crowdfunding

GSM
► Mobilfunkstandard

GUI
die oder das, ► Benutzeroberfläche

hacken
► Hacker

Hacker
der, [häcker] bzw. die Hackerin [häckerin]. Das englische Wort hack [häck] hat unterschiedlichste Bedeutungen. Im technischen Bereich bezeichnet es einen Trick, einen Kunstgriff, etwa um ein Problem zu lösen, um einem Gerät oder einem Programm eine zusätzliche Funktion hinzuzufügen oder um eine Sicherheitsvorkehrung auszuhebeln. Die Person, die ein Gerät, ein ► Benutzerkonto oder ein Programm **hackt** [häckt], nennt

man Hacker. Diese Bezeichnung war ursprünglich nicht negativ besetzt, weil sich viele Hacker dadurch verdient machen, dass sie vorhandene Sicherheitslücken aufzeigen. Ob sie allein dadurch schon gegen geltende Gesetze verstoßen, ist eine andere Frage. Für jene Hacker, die solche Sicherheitslücken gezielt zu ihrem eigenen Vorteil ausnutzen, gibt es jedenfalls eigene Bezeichnungen. Allerdings sind diese im Alltag nicht geläufig, weil die Medien den Begriff Hacker aufgegriffen und ihm eine grundsätzlich negative Note verpasst haben. Somit existieren nun in der Umgangssprache die „guten" und die „bösen" Hacker nebeneinander.

Halb-Duplex ► Duplex

Halbleiter der. Die Bezeichnung Halbleiter bezieht sich auf die elektrische Leitfähigkeit von bestimmten Stoffen. Deren Leitfähigkeit liegt zwischen jener von elektrischen Leitern und Nichtleitern. Typische Halbleiter sind die chemischen Elemente ► Silizium, Germanium und Gallium. Durch ihre gezielte Leitfähigkeit kann man aus ihnen vielfältige Bauteile herstellen. Eine Diode (► Bildschirmtechnologie) beispielsweise leitet den Strom nur in einer Richtung. Ein Transistor kann den Strom in beiden Richtungen führen und wird deshalb als Verstärker oder Schalter eingesetzt. Im Computerbereich spielen Halbleiter in Form von ► Prozessoren eine zentrale Rolle.

Handy das, [händi]. Mobiltelefon, heute verstärkt für die einfachen Tastenhandys gebraucht, um sie von den ► Smartphones abzugrenzen. Das Wort Handy ist ein Pseudoanglizismus, eine sogenannte Scheinentlehnung aus dem Englischen. Dort existiert es nicht als Hauptwort, sondern nur als Eigenschaftswort mit der Bedeutung handlich, praktisch. Die Herkunft lässt sich vermutlich auf die Bezeichnung für ein tragbares Funkgerät der US-Armee aus der Zeit des Zweiten Weltkriegs zurückführen. Die korrekte deutsche Mehrzahlform lautet Handys.

Handy-Signatur die, ► Digitale Signatur

Hard Disk Drive der, ► Festplatte

Hardware die, [hahrd-uäa] bzw. ans Deutsche angenähert [hahrdwäa]. Der Überbegriff Hardware bezeichnet sämtliche Bestandteile von Computern und anderen elektronischen Geräten, die man angreifen kann. Dabei macht es keinen Unterschied, ob es sich um einen im Inneren befindlichen elektronischen Bauteil oder z.B. um die Tastatur oder das Gehäuse handelt. Außerdem zählen auch ► Peripheriegeräte wie Maus oder Drucker zur Hardware.

Hardwareschnittstelle die, ► Schnittstelle

Hashfunktion die, ► Verschlüsselung

Hashtag der, [häschtägg]. Von (engl.) hash = das Rautezeichen # auf der Computertastatur und tag = Etikett (siehe auch das Stichwort ► Tag). Hashtags sind eine Form der Verschlagwortung, wie sie in den ► Sozialen Medien üblich ist. Ein Hashtag besteht immer aus dem vorangestellten Rautezeichen und dem nachfolgenden Schlagwort. Klickt oder tippt man auf einen Hashtag, dann gelangt man zu einer Übersicht aller Beiträge, die mit demselben Hashtag versehen wurden. Somit dient jeder Hashtag also auch als elektronischer Querverweis (► Link).

Hashwert der, ► Verschlüsselung

Hater/Haterin der, die, [häjter/häjterin]. Wörtlich übersetzt: Hasser/Hasserin. Es gibt aber keinen deutschen Begriff dafür. Hater sind jedenfalls Personen, die in den ► Sozialen Medien Hassbotschaften (► Hatespeech) verbreiten.

Hatespeech [häjt-ßpihtsch]: Hassrede. Das Verbreiten von Hassbotschaften in den ► Sozialen Medien.

Hauptbildschirm der, ► Homescreen

Hauptplatine die, ► Motherboard

HD ► Auflösung

HDD ► Festplatte

HDMI Abkürzung für (engl.) High Definition Multimedia Interface [haj definischn maltimihdja interfäjß] = hochauflösende Multimedia-Schnittstelle. Im allgemeinen Sprachgebrauch wird ausschließlich die Abkürzung HDMI verwendet; die vier Buchstaben werden deutsch und einzeln hintereinander ausgesprochen. Es handelt sich um eine ► digitale ► Schnittstelle zur Übertragung von Bild und Ton, zum Beispiel von einem Computer oder einer Digitalkamera zu einem TV-Gerät oder einem Videoprojektor (► Beamer). Die Geräte werden zu diesem Zweck mit einem HDMI-Kabel verbunden. Der Vorgänger von HDMI, dem man aber (auch aufgrund der Einführung des ► DisplayPorts) nur noch selten begegnet, heißt **DVI**.

HDR Abkürzung von (engl.) High Dynamic Range [haj dajnämik räjnsch] = Bild mit hohem Dynamikumfang. Verwendet wird ausschließlich die Abkürzung HDR, die drei Buchstaben werden deutsch und nacheinander ausgesprochen. Es handelt sich um eine Bildverbesserungstechnologie für höheren Kontrastumfang und feiner abgestufte Farben. HDR funktioniert dann gut, wenn es sowohl vom TV-Sender als auch vom Ultra-HD-Fernseher (► Auflösung) unterstützt wird. Im Optimalfall trägt das TV-Gerät gut sichtbar das herstellerübergreifende „Ultra HD Premium"-Logo. Falls nicht, muss man sich davon überzeugen, dass es die Standards HDR10 oder HDR10+ bzw. **Dolby-Vision** [dolbi wischn – mit stimmhaft gsprochenem sch] unterstützt. Dolby-Vision-Geräte können nämlich auch HDR10 darstellen. Jede andere Bezeichnung ist unverbindlich, auch wenn sie ähnlich klingen sollte. Weiters kommt HDR bei Digitalkameras zum Einsatz.

HD-ready ► Auflösung

Headphones die, ► Headset

Headset das, [häd-ßett]. Von (engl.) head = Kopf und set = Satz, Garnitur. Ein Headset ist eine Kombination aus Kopfhörern und Mikrofon. Headsets werden gerne für die Sprachkommunikation am Computer verwendet, weil die Verständlichkeit besser ist als bei der Nutzung der eingebauten Mikrofone und Lautsprecher. Vom Headset unterscheiden muss man die

Headphones [hädfouns], dabei handelt es sich um reine Kopfhörer ohne Mikrofon. Headphones ist ein Mehrzahlwort.

Heimnetzwerk das, ► Netzwerk, ► WLAN

Hertz ► 1080i

Herunterfahren das, ► Hochfahren

Herunterladen das, ► Download

heuristisch ► Heuristik

Heuristik die. Die Heuristik ist eine altbewährte Vorgangsweise, bei der man versucht, auf Basis von unvollständigem Wissen Schlussfolgerungen zu ziehen. Diese entsprechen dann nur annäherungsweise der Wahrheit. Die Versuch-und-Irrtum-Methode ist beispielsweise eine Heuristik. Auch ► Virenscanner arbeiten nach dem **heuristischen** Prinzip, wenn sie versuchen, mögliche, bisher unbekannte Bedrohungen für den Computer zu erkennen.

Hoax der, [houks]. Englischer Ausdruck für Jux, Scherz, Zeitungsente. Ein Hoax ist eine bewusste Falschmeldung, die im ► Internet in Umlauf gebracht wird; angefangen bei harmlosen Scherzmeldungen und Kettennachrichten bis hin zu „Horrormeldungen" über einen in Wahrheit nicht existenten Virus (► Schadsoftware). Dies ist mit der Aufforderung verbunden, die Meldung weiterzuleiten. Die Folge ist eine Flut an falschen ► E-Mails, Textnachrichten oder Beiträgen in den ► Sozialen Medien.

Hochfahren das. Der Startvorgang eines Computers (oder ► Smartphones). Gleichbedeutend ist im Deutschen auch der englische Begriff **Booten** [buhten] üblich. Während des Bootens wird das ► Betriebssystem geladen, sodass der Computer danach einsatzbereit ist. Booten ist hergeleitet von den bootstraps [buht-ßträps], den Stiefelschlaufen, die das Anziehen des Schuhwerks erleichtern. Im übertragenen Sinn wird der Begriff Hochfahren auch für das Einschalten des Computers durch den Nutzer verwendet. Man sagt: „Ich fahre den Computer hoch." Das Gegenteil des Hochfahrens ist das **Herunterfahren**, also das Ausschalten. Die englische Entsprechung ist der **Shutdown** [schatt-daun], wörtlich übersetzt: die Außerbetriebnahme.

Hochladen das, ► Download

Hochskalierung die, ► skalieren

Home-Bildschirm der, ► Homescreen

Homebutton der, ► Button

Homepage die, ► Internetseite

Homescreen der, [houm-ßkrihn]. Auch: **Home-Bildschirm**. Von (engl.) home = das Zuhause, die Heimat und screen = Bildschirm (► Display). Wobei home hier in einem technischen Sinn als Ausgangsposition zu verstehen ist. Der Homescreen ist der **Hauptbildschirm** eines Smartphones, auf dem die Symbole der installierten ► Apps angezeigt werden. Wenn man noch genauer sein möchte, dann ist jener Homescreen, der nach dem Entsperren des Gerätes angezeigt wird, der **Startbildschirm**. Daneben kann es noch einen oder mehrere weitere Homescreens geben, über die man die App-Symbole aus Platzgründen oder zwecks besserer Übersichtlichkeit verteilt. Wischt man mit dem Finger quer über den Smartphone-Bildschirm, dann kann man zwischen den einzelnen Homescreens blättern. Ist ein Homebutton (► Button) vorhanden, kann man diesen drücken, um zum Startbildschirm zu gelangen.

Host der, ► Server

Hotspot der, [hotßpot]. Auch Hot Spot geschrieben. Wörtlich: heißer Punkt, Hitzepunkt. Hotspot ist die Bezeichnung für einen öffentlichen, kabellosen Zugangspunkt zum ► Internet. Man spricht auch vom öffentlichen ► WLAN. Hotspots sind an Orten wie Bahnhöfen, Flughäfen, Rathäusern, Bibliotheken, Hotels, Cafés etc. eingerichtet. Es gibt Hotspots mit und ohne Zugangsbeschränkungen, kostenlos nutzbare ebenso wie solche, bei denen einem nur eine begrenzte Nutzungsdauer oder Datenmenge zur Verfügung steht oder bei denen man (grundsätzlich oder für Mehrleistungen) zahlen muss. Es gibt auch die Begriffe **mobiler Hotspot** bzw. **persönlicher Hotspot**. Diese beziehen sich darauf, dass man Smartphones so einstellen kann, dass sie für eines oder mehrere andere Geräte als Internetzugangspunkt (siehe auch ► Access Point) dienen. So kann man z.B. einen Laptop (► PC), der über keinen eigenen Internetzugang verfügt, mit dem Smartphone-Hotspot verbinden und auf diese Weise aufs Internet zugreifen (siehe auch ► Tethering). Alternativ zum Smartphone gibt es kompakte mobile ► Router, die man mit einer ► SIM-Karte bestückt und die dann gleichfalls unterwegs als Hotspot dienen.

HSPA/HSPA+

► Mobilfunkstandard

HTML

Deutsch und in Einzelbuchstaben gesprochen. HTML ist die Abkürzung von Hypertext Markup Language [hajpatekst mahrkapp länguidsch]. Es handelt sich um eine sogenannte Auszeichnungssprache. Das ist eine maschinenlesbare ► Programmiersprache, mit deren Hilfe man Texte und ganze ► Internetseiten gliedern kann. HTML ist die am weitesten verbreitete Auszeichnungssprache und liegt mittlerweile in der Version 5 vor. **HTML5** ist in der Lage, multimediale ► Inhalte aus dem ► Internet (z.B. Videos, animierte Grafiken oder Computerspiele) direkt im ► Browser wiederzugeben. Zusätzliche Programme wie der im Auslaufen befindliche Flash Player (► Adobe) werden dadurch überflüssig.

HTML5

► HTML

HTTP

Deutsch und in Einzelbuchstaben ausgesprochen. Abkürzung für Hypertext Transfer Protocol [hajpatekst tränsför proutokol]. Ein Protokoll ist ein Regelwerk für die Kommunikation zwischen verschiedenen Geräten im Internet. HTTP – es genügt, die Abkürzung zu kennen – kommt nicht zuletzt bei der Darstellung von ► Internetseiten zum Einsatz. Dank HTTP kann der ► Browser eine Seite überhaupt erst aufrufen. Deshalb steht vor der ► Internetadresse auch http bzw. mittlerweile meist **https**, was die ► Verschlüsselung der Verbindung signalisiert.

https ► HTTP, ► Verschlüsselung

Hub der, [habb]. An sich ist ein Hub die Radnabe, an der die Speichen aufeinandertreffen. Ein Hub im technischen Sinne ist ein Knotenpunkt, ein Verteiler, an dem Signale oder Datenpakete zusammenlaufen und weitergeleitet werden. Je nach Art des Hubs kann er z.B. die Daten von mehreren Geräten weiterleiten, die via ► USB- oder Netzwerkkabel mit ihm verbunden sind, oder er wird in einem lokalen Netzwerk (► LAN) eingesetzt. Im letzteren Fall wird heute allerdings meist ein sogenannter **Switch** [ßwitsch] verwendet = Schalter, Weiche. Ein Switch ist quasi ein intelligenter Hub, der Datenpakete nicht nur einfach weiterschickt, sondern sie dem Empfänger gezielt zustellt. Das ist schneller und sicherer als die unkoordinierte Weiterleitung.

Hybrid-Festplatte die, ► Festplatte

Hybrid-PC der, ► PC

Hyperlink der, ► Link

Hz ► 1080i

iCloud ► Cloud

Icon das, [ajkann] = Symbol. Als Icons bezeichnet man auf Computer oder ► Smartphone die typischen Symbole oder grafischen Bilder für Programme, ► Apps, ► Ordner oder ► Dateien.

ID die, [aj-dih]. Das Kürzel ID ist (engl.) identification [ajdentifikäjschen] = Identifikation entnommen. In den Bereichen Computer und ► Internet ist damit in der Regel eine Nummer oder ein Name gemeint, mit dem z.B. der Inhaber eines ► Benutzerkontos eindeutig identifiziert werden kann. Im Prinzip handelt es sich also um ein ► Passwort. Ein solches Element zur Identifizierung wird auch als **Identifikator** bezeichnet.

Identifikator der, ► ID

IEEE 802.11 ► WLAN

IM ► Instant Messenger

iMac der, ► Apple

Image das, ► Systemabbild

IMAP ► POP3

IMEI die. Deutsch und als Wort gesprochen. Auch: IMEI-Nummer. Abkürzung für: International Mobile Equipment Identity [internäschänäl moubajl ekwipment ajdentiti], wörtlich: internationale Mobilfunkgerätekennzeichnung. Verwendet wird nur das Kürzel IMEI. Dabei handelt es sich um eine für jedes Handy weltweit nur einmalig existierende, 15-stellige Seriennummer. Obwohl seit Jahren entsprechende Meldungen kursieren: Es ist in Österreich nicht möglich, ein Handy unter Angabe der IMEI sperren zu lassen und damit – anders als bei der aufs eigene Netz beschränkten SIM-Karten-Sperre (► SIM-Karte) – in jedem Mobilfunknetz unbrauchbar zu machen. Dies scheitert nicht an der technischen Machbarkeit, sondern am Aufwand, den es für die ► Provider oder die Behörden bedeuten würde, eine IMEI-Datenbank zu führen. Trotzdem ist es sinnvoll, die IMEI des eigenen Handys zu kennen und sie getrennt vom Gerät aufzubewahren. Nur so lässt sich dieses eindeutig identifizieren, falls es nach einem Diebstahl wieder auftauchen sollte. Die IMEI finden Sie auf der Geräteverpackung, bei Geräten mit Wechselakku unter dem Akkueinschub, in den Einstellungen unter „Geräteinformationen" (► Android) bzw. „Allgemein/Info" (► iOS) oder eingeblendet auf dem Bildschirm, nachdem Sie *#06# eingetippt haben.

In-App-Kauf der, [in-äpp-] oder [in-app-]. Viele ► Apps fürs ► Smartphone werden in ihrer Grundfunktion kostenlos angeboten. Wenn man zusätzliche, kostenpflichtige Funktionen freischalten möchte, kann man diesen Wunsch direkt in der geöffneten App bestätigen und den Kauf tätigen. Ein In-App-Kauf findet also innerhalb einer App statt.

Inch der, ► Displaydiagonale

Industrie 4.0 die, ► Web 2.0

Influencer/ Influencerin der, die, [influ-enßer/influ-enßerin]. Von (engl.) influence [influ-enß] = beeinflussen. Eine Person, die mit ihren Text- oder Videobeiträgen in den ► sozialen Medien eine große Masse an Menschen erreicht und in ihrer Meinung oder ihren Entscheidungen beeinflusst. Kritisch gesehen wird die Tatsache, dass einige besonders erfolgreiche Influencer von Firmen gesponsert werden, deren Produkte sie bewerben.

Inhalte die, ► Content

inkompatibel ► Kompatibilität

Inkompatibilität die, ► Kompatibilität

inkrementelles Backup ► Vollbackup

Instagram ► Soziale Medien

Installation die. Gleichbedeutende Begriffe sind: die **Einrichtung**, das **Aufsetzen**, das **Setup** [settapp]. Gemeint ist jeweils das Kopieren und erstmalige Starten eines Programms/einer ► App auf einem Computer oder ► Smartphone bzw. auch das erstmalige Starten des Gerätes selbst. Dabei kann man im Zuge eines weitgehend automatisierten Ablaufs gewisse Festlegungen bzw. Einstellungsänderungen vornehmen. Ein ähnlicher Begriff ist **(Software-)Konfiguration**, allerdings gehen dabei die individuell vorgenommenen Einstellungsänderungen mehr in die Tiefe.

installieren ► Installation

Instant Messaging das, ► Instant Messenger

Instant Messenger der, [inßtänt messendscher]. Auch: Messenger-Dienst oder Messenger. Von (engl.) instant = sofort und messenger = Bote. Die Bezeichnung für Programme und ► Apps, welche den schnellen Austausch von Nachrichten zwischen zwei oder mehreren Personen ermöglichen. Die dahinterstehende Technologie bezeichnet man als **Instant Messaging** [inßtänt messädsching], von (engl.) message [messidsch] = Nachricht. Instant Messaging (IM) kann man wörtlich mit „sofortige Nachrichtenübermittlung" übersetzen. Messenger werden vorwiegend am ► Smartphone, teilweise auch am Computer genutzt. Die Kommunikation zwischen den beteiligten Personen erfolgt immer über das ► Internet, egal ob Text übermittelt wird, ob man ähnlich wie übers Telefon miteinander spricht oder sich dabei auch sieht, also per **Videotelefonie** verbunden ist. Das bedeutet: Beim Schreiben, beim Versand von Fotos oder Videos, beim Sprechen und beim Videotelefonieren über eine Messenger-App wird immer und ausschließlich Datenvolumen verbraucht. Haben Sie Zugang zu einem kostenlosen ► WLAN, macht das die Sache nicht zuletzt für die Nutzung des Mobiltelefons bei Auslandsaufenthalten interessant, speziell in Staaten außerhalb des EU-Raums, wo für das ► mobile Internet hohe Gebühren anfallen. Die bekanntesten Messenger sind **Skype** [ßkajp], **Facebook Messenger** [fäjßbuck messendscher] und **WhatsApp** [wots-äpp] oder [wots-app]. Skype, mittlerweile zu ► Microsoft gehörend, war einer der Pioniere beim ► Chat [tschätt] mittels Text, Sprache und Video via Computer. Das Wort **skypen** [ßkajpn] steht im täglichen Sprachgebrauch mittlerweile für die Videotelefonie im Allgemeinen. Der Facebook Messenger und WhatsApp gehören beide zum Facebook-Konzern (► Soziale Medien). Dieser steht wegen der umfangreichen Auswertung von Nutzerdaten in der Kritik. Beispiele für sogenannte **alternative Messenger**, die mehr Wert auf den Datenschutz legen, sind ► Telegram [telegrämm], ► Signal [ßiggnäll] und ► Threema [θrihma]. Wobei man betonen muss, dass es dabei immer um den Schutz der Nutzerdaten geht. Die Kommunikation selbst ist in der Regel hier wie dort ausreichend abgesichert (► Verschlüsselung).

Intel

[intel]. US-amerikanischer Hersteller von ► Prozessoren und ► Grafikkarten. Bekannte Markennamen für Intel-Prozessoren sind Core [kohr] i3, i5 und i7, Pentium [pentjum] – alle in der Mittel- bis Topklasse – sowie Celeron [tseleron] im preisgünstigeren Segment. Intel gilt als Hauptkonkurrent der Firma ► AMD.

Intelligenter Lautsprecher der, ► Smart Speaker

Intelligentes Heim das, ► Smart Home

Interface das, ► Schnittstelle

Interlace ► 1080i/1080p

Internet das, [internett]. Zusammengesetzt aus der lateinischen Vorsilbe inter- = zwischen und (engl.) net = Netz. Das Internet besteht aus unzähligen kleineren Computernetzwerken (► Netzwerk), die über die ganze Welt verteilt und miteinander zu einem großen Ganzen verbunden sind. Jeder Computer und jedes ► Smartphone, die Zugang zum Internet haben, sind Bestandteile des gesamten Netzwerks. Man kann es sich ähnlich wie das Telefonnetz vorstellen, mit Einzelanschlüssen, Ortsnetzen sowie regionalen und überregionalen Vermittlungsstellen. Der Name Internet bezieht sich auf den Informationsaustausch zwischen den einzelnen Netzwerken. Mittels ► Browser kann man diese Informationen auf jedem Computer oder ► Smartphone abrufen bzw. auch Informationen ins Internet senden. Ein weiterer gebräuchlicher Name für das Internet ist Web. (Engl.) web [webb] bedeutet gleichfalls Netz (siehe auch ► World Wide Web).

Internetadresse die. Um eine bestimmte ► Internetseite aufzurufen, sucht man mittels ► Suchmaschine nach deren Namen oder tippt ihn in die Adresszeile des ► Browsers ein. So einfach die Sache für uns als Nutzer ist, so vielschichtig ist das dahinterstehende System. Adressen wie www.konsument.at dienen nur der leichteren Merkbarkeit und Zuordenbarkeit. In Wahrheit verbirgt sich dahinter eine vom Computer lesbare Ziffernfolge, eine sogenannte **IP-Adresse** [ajpih-]. IP ist die Abkürzung von (engl.) Internet Protocol [internett proutokol] = Internetprotokoll (zur zweiten Bedeutung von ► IP-Adresse beachten Sie bitte den gleichnamigen Lexikoneintrag). Zur Übersetzung der Buchstaben in die IP-Adresse (= Namensauflösung) gibt es einen Dienst namens ► DNS [de-en-es], die Abkürzung für (engl.) **Domain Name System** [domäjn näjm ßistemm]. Sinngemäß: System für Internetadressen. DNS steht aber nicht nur für den genannten Dienst, sondern auch für das gesamte System der Internetadressen. Eine andere Bezeichnung für die Internetadresse ist die **URL** (als Wort gesprochen), für Uniform Resource Locator [juniform risoarß loukäjter]. Dahinter steht eigentlich ein weiteres vielschichtiges System, für den Hausgebrauch genügt es aber zu wissen, dass URL einfach Internetadresse bedeutet. Weiters begegnet man dem Begriff **Domainname** oder kurz: **Domain** [domäjn] in der allgemeinen Bedeutung Internetadresse. (Engl.) domain = Bereich. (Der Begriff Domainname taucht auch bei den E-Mail-Adressen auf, bitte beachten Sie dazu den Lexikoneintrag ► E-Mail.) Eine Internetadresse ist folgendermaßen aufgebaut: Zu Beginn steht in der Regel www, allerdings nicht mehr verpflichtend. Das Kürzel besagt nur, dass die Adresse im ► Internet angesiedelt ist (siehe auch ► World Wide Web). Rechts davon folgt die **Second-Level-Domain** [ßäckend-lewl-domäjn], sozusagen die zweite Ebene der Internetadresse. Sie besteht aus dem eindeutig zuordbaren Namen, also etwa konsument, europakonsument oder verbraucherrecht. Wiederum rechts davon steht die **Top-Level-Domain** [topp-lewl-domäjn] als oberste Ebene. Sie besteht entweder aus einem Länderkürzel (at, ch, de, fr, it, uk etc.), auch: geografische Top-Level-Domain genannt, oder aus einer Abkürzung für bestimmte Unternehmens- oder Organisationsbereiche (com = ursprünglich für kommerzielle Unternehmen, mittlerweile aber für jeden verfügbar; org = nichtkommerzielle Organisation; gv = Behörde; info = Informationseinrichtung; edu = Bildungseinrichtung etc.). Die beiden Arten von Top-Level-Domain können zwecks eindeutiger Zuordnung auch kombiniert werden, wie etwa beim österreichischen „digitalen Amt": www.oesterreich.gv.at. Wer das Geld für eine eigene Domain sparen möchte, kann zu einer kostenlosen **Subdomain** [ßabbdomäjn] greifen (auch: **Third-Level-Domain**), muss dann aber akzeptieren, dass die Second-Level-Domain des Anbieters fester Bestandteil der Adresse ist. Die Vorsilbe sub- bedeutet unter-, eine Subdomain ist also untergeordnet.

Internetbrowser
der, ► Browser

Internet der Dinge
das, ► Smart Home

Internet Explorer
der, ► Browser

Internetforum das. Das lateinische Wort **Forum** bedeutete ursprünglich Marktplatz, ein Ort, an dem man sich auch zum Plaudern getroffen hat. Daran angelehnt ist ein Forum im ► Internet ein Bereich, in dem man Meinungen, Gedanken und Erfahrungen austauschen und über verschiedenste Dinge diskutieren kann. Alternative Bezeichnung: **Online-Forum** (► online).

Internetkriminalität die. Auch: **Cybercrime** [ßajber-krajm] (► Cyberspace). Unter dem Begriff Internetkriminalität wird eine Vielzahl krimineller Aktivitäten zusammengefasst. Wobei viele Betrugsmaschen (engl. ► Scam) deutlich älter sind als das ► Internet und zum Teil auch heute noch übers Telefon, per Briefpost oder durch Anläuten an der Haustür funktionieren. Die Internet-Variante erhöht allerdings die Reichweite und Trefferanzahl und ist für die Betrüger selbst mit weniger Risiko verbunden. Was sich regelmäßig ändert, sind die Themen, an denen die Betrugsversuche aufgehängt sind. Sie orientieren sich an dem, was die Menschen gerade am meisten beschäftigt. Ängste, Sorgen, Sehnsüchte und Begierden werden geschürt – und genau das ist das Heimtückische, denn Emotionen schalten die Vernunft aus. Viele Betrugsversuche werden über unerwünscht eingehende E-Mail-Nachrichten (► Spam) eingefädelt. Manche davon sind tatsächlich Werbe-E-Mails für reale, wenn auch oft gefälschte Produkte. Andere dienen dem **Phishing** [fisching], von (engl.) Password-Fishing [pahßwöad-fisching] = Angeln nach Passwörtern. Darunter versteht man den Versuch, Internetnutzer dazu zu bringen, freiwillig persönliche Informationen bekannt zu geben; etwa durch angebliche Nachrichten von der Hausbank, die sofortiges Handeln einfordert. Weiters beliebt sind vorgetäuschte Gewinnspiele und Einkaufsgutscheine, wie sie auf Facebook oder WhatsApp (► Soziale Medien) kursieren. Folge einer unüberlegten Reaktion kann sein, dass man Rechnungen oder Mahnschreiben für Produkte erhält, die man nie bestellt hat. Geliefert wurden sie an die Betrüger. Oder man hat unbemerkt ein teures Abo abgeschlossen. Oder man lässt sich auf zwielichtige Geschäfte ein, leistet an die Betrüger eine Vorauszahlung und sieht weder das versprochene noch sein eigenes Geld wieder (z.B. ausländische Autokäufer oder afrikanische „Prinzen", die einem ein Vermögen in Aussicht stellen; man spricht hier auch von **Vorschussbetrug** oder engl. **Scamming** [ßkämming]). Aber auch der ► Download von ► Schadsoftware, die den Computer ausspioniert oder die Kontrolle über ihn übernimmt, ist beliebt. Dasselbe bezwecken die Anrufe von vorgeblichen Microsoft-Mitarbeitern, die unaufgefordert bei Computerproblemen helfen möchten. Auch hier beginnen die richtigen Probleme erst, wenn man zu gutgläubig war. Ein weiteres großes Problem sind **Fake-Shops**, also gefälschte ► Online-Shops, die mit Markenware zu verlockend niedrigen Preisen werben. Zwei Wochen später ist der Shop verschwunden und die geleistete Vorauszahlung mit ihm. In Österreich ist das beim Bundeskriminalamt angesiedelte Cybercrime Competence Center – C4 für die Bekämpfung der Internetkriminalität zuständig.

Internet of Things

das, ► Smart Home

Internetplattform

die, ► Portal

Internetportal

das, ► Portal

Internetprotokoll

das, ► Protokoll

Internetseite

die. Übersetzung des englischen Begriffs **Webpage** [webbpäjdsch], auch in der sprachlichen Mischform **Webseite** zu finden. Damit gemeint ist jeweils eine einzelne Seite im ► Internet, wie man sie im ► Browser aufrufen und betrachten kann. Im Gegensatz dazu bezeichnet **Website**, kurz: **Site** [ßajt] den kompletten Internetauftritt einer Person oder eines Unternehmens, also die Gesamtheit aller Einzelseiten, die unter derselben ► Internetadresse zu finden sind. (Engl.) site bedeutet Sitz, Standort, Stätte. Bleibt noch der gängige Begriff Homepage [houmpäjdsch], der wörtlich übersetzt soviel wie Heimatseite bedeutet. Im engeren Sinne ist die Homepage lediglich die jeweilige Startseite (auch: Leitseite), die nach der Eingabe der Internetadresse aufscheint. Im weiteren Sinne steht Homepage allerdings auch für die gesamte Site.

Internet Service Provider

der, ► Provider

Interpolation die. Der Begriff hat in unterschiedlichen Bereichen verschiedene Bedeutungen und wird je nach Anwendung auch technisch unterschiedlich umgesetzt. Unter anderem begegnet man ihm bei der Bearbeitung von Digitalfotos. Beim Vergrößern eines Fotos kann man fehlende Bildpunkte (► Pixel) mithilfe des technischen Verfahrens der Interpolation errechnen lassen. Das heißt, durch das **Interpolieren** werden vorhandene Lücken künstlich geschlossen, was aber zu keiner echten Qualitätsverbesserung führt, weil die Ausgangsqualität bereits entsprechend schlecht ist. Interpoliert wird auch im Fernsehen, etwa wenn alte Spielfilme mit geringer ► Auflösung so aufbereitet werden, dass sie auf modernen TV-Geräten einigermaßen ansehnlich dargestellt werden (► skalieren).

interpolieren ► Interpolation

iOS ► Betriebssystem

IoT das, ► Smart Home

iPad das, ► Apple

iPadOS ► Betriebssystem

IP-Adresse die, [ajpih-]. IP ist die Abkürzung von (engl.) Internet Protocol [internett proutokol]. = Internetprotokoll. Hinter einer IP-Adresse können sich zwei unterschiedliche Dinge verbergen: 1.) eine ► Internetadresse; 2.) die „Postadresse" eines Geräts, das sich im ► Internet oder in einem lokalen ► Netzwerk befindet. Eine solche IP-Adresse sieht z.B. folgendermaßen aus: 192.168.0.0. Sie dient dazu, dass die übers Internet verschickten, zusammengehörenden Datenpakete gemeinsam ihren Weg zum Ziel finden und dort wieder zu einem Ganzen zusammengesetzt werden. Da aber die Anzahl der weltweit zu vergebenden IP-Adressen begrenzt ist und jedem Internetanbieter (► Provider) nur eine bestimmte Menge zur Verfügung steht, bekommen private Nutzer meist keine statische (= feste) IP-Adresse, sondern immer wieder eine neue, dynamische IP-Adresse zugeteilt. Diese wird nach einem bestimmten Zeitraum bzw. mit dem Abschalten Ihres ► Routers oder Computers wieder frei und wird – wiederum vorübergehend – an einen anderen Nutzer vergeben. Sie selbst erhalten natürlich umgehend bzw. beim nächsten Einschalten eine neue. Die Zuteilung der dynamischen IP-Adressen erfolgt automatisiert über das ► Protokoll **DHCP** (deutsch und in Einzelbuchstaben ausgesprochen). Das heißt, sobald Ihr Computer (oder Router) mit dem Internet Verbindung aufnimmt, fordert er eine IP-Adresse an. Bei der ► WLAN-Einrichtung muss man daher im Router die Funktion „Router als DHCP-Server verwenden" aktivieren. Unterscheiden muss man die IP-Adresse von der ► MAC-Adresse, die dem Gerät schon bei seiner Herstellung fix zugewiesen wird und mit der man es im Netzwerk eindeutig identifizieren kann.

iPhone
das, ► Apple

iPod
der, ► Apple

IP-Zertifizierung
die. Hinter dem Kürzel IP (deutsch und als Einzelbuchstaben gesprochen) steckt in diesem Fall eine europäische Norm namens „International Protection" [internäschänäl proteckschn] = internationaler Schutz. Sie umfasst mehrere in Ziffern angegebene Schutzarten (auch: Schutzklassen) und wurde für elektrische und elektronische Geräte entwickelt. Je höher die Ziffer, desto höher der Schutzgrad. Damit in Kontakt kommt man z.B. auch beim Kauf einer Badezimmerleuchte. In diesem Lexikon beschränken wir uns allerdings auf die Bedeutung der IP-Zertifizierung für ► Smartphones. Für diese interessant sind jene Schutzarten, die sich auf das Eindringen von Fremdkörpern (in erster Linie Staub oder Sand) und Wasser beziehen. Bei Fremdkörpern sind das die Ziffern 5 (= geschützt vor Staub in schädigender Menge) und 6 (= staubdicht). Bei Wasser sind das vor allem 4 (= Schutz vor Spritzwasser von allen Seiten), 5 (= Schutz vor Strahlwasser aus der Düse aus einem beliebigen Winkel), 6 (= Schutz vor starkem Strahlwasser), 7 (= Schutz vor zeitweiligem Untertauchen) und 8 (= Schutz vor andauerndem Untertauchen). Die jeweilige IP-Zertifizierung ist aus zwei dieser Ziffern zusammengesetzt, wobei an vorderer Stelle die Fremdkörper stehen. So findet man auf dem Markt Geräte mit IP54 ebenso wie solche mit IP67 oder IP68. Während IP54 einen relativ niedrigen Schutz darstellt, sind Geräte mit IP67 staubdicht und wasserfest und solche mit IP68 staub- und wasserdicht. Was es ebenfalls gibt,

sind Kombinationen wie IPX7 oder IP5X, und zwar dann, wenn der Hersteller zur Staub- oder Wasserdichtheit keine Angaben machen kann bzw. keine Zertifizierung hat. Eine Zertifizierung sagt auf jeden Fall mehr aus als reine Werbeaussagen wie „Outdoorhandy". Allerdings gibt es selbst bei der höchsten Schutzstufe IP68 Einschränkungen zu beachten, um die Garantie- und Gewährleistungsansprüche nicht zu verlieren. Einerseits sind das die Herstellerempfehlungen, die z.B. trotz IP-Zertifizierung den Hinweis enthalten können, das Gerät nicht unter Wasser zu tauchen. Andererseits beziehen sich „zeitweiliges" bzw. „andauerndes Untertauchen" lediglich auf eine Tiefe von 1 bzw. 1,5 Meter für maximal 30 Minuten – und das ausschließlich in klarem Süßwasser.

ISO-Datei die, ► Systemabbild

ISP der, ► Provider

IT die, [ajtih]. Abkürzung von (engl.) Information Technology [informäjschen tecknolodschi], zu deutsch: Informationstechnik. Die IT beinhaltet alle Bereiche, die sich mit der Verarbeitung von Daten befassen, von der Telekommunikation bis zum ► Internet, von der ► Hardware bis zur ► Software. Ein anderer gängiger Begriff ist **EDV**, die Elektronische Datenverarbeitung. Man kann sie vereinfacht als Teilbereich der IT ansehen. Die EDV befasst sich mit der Eingabe, Verarbeitung, Verwaltung und Ausgabe von Daten am Computer. Mit Verarbeitung und Verwaltung sind Prozesse wie das Sortieren, Filtern (► Filter), Verknüpfen, Katalogisieren und Abspeichern der Daten gemeint.

J

Java [dschawa]. Eine weit verbreitete ► Programmiersprache. Es gibt auch eine dazugehörige ► Laufzeitumgebung namens Java Runtime Environment. Sie ermöglicht, dass Programme, die in Java geschrieben wurden, auf vielen verschiedenen Geräten mit unterschiedlichen ► Betriebssystemen funktionieren.

JavaScript ► Skript

JPEG/JPG [dschihpeg]. Abkürzung von: Joint Photographic Experts Group [dschojnt fotogräfick ekspöats gruhp]. Sinngemäß: „vereinigte Fotografieexpertengruppe". Ein Zusammenschluss von Experten, die gemeinsam eines der bekanntesten Verfahren zur ► Kompression von Fotos entwickelt haben. Als Begriff dafür verwendet wird ausschließlich das Kürzel JPEG bzw. die gleich ausgesprochene, dazugehörige Dateiendung (► Datei) JPG. Dieses Kompressionsverfahren geht allerdings mit Qualitätsverlusten einher. Eine Alternative zum JPEG-Format ist **PNG** ([pih-en-dschih] oder alternativ [pindsch] gesprochen), von Portable Network Graphics [portäbl nettwöak gräficks] = portable Netzwerkgrafik. Im Unterschied zu JPEG erfolgt die Kompression verlustfrei, d.h. die Originaldaten können bei Bedarf aus den komprimierten Daten wiederhergestellt werden. Außerdem unterstützt das PNG-Format die Transparenz des Hintergrundes. Das bedeutet, dass die Fotomotive nicht zwingend in einem weißen oder farbigen Rahmen dargestellt werden müssen, man kann den Hintergrund im Zuge der Bildbearbeitung dauerhaft unsichtbar machen. Da PNG-Dateien mehr Informationen enthalten, benötigen sie mehr Speicherplatz als JPEG-Dateien.

Junk der, ► Spam

KB das, ► Bit

Kbit/s ► Datenübertragungsrate

Kilobit/Sekunde ► Datenübertragungsrate

Kilobyte das, ► Bit

Kennwort das, ► Passwort

Key der, ► Keyboard, ► Verschlüsselung

Keyboard das, [kihboad]. Die Wörter key und board haben im Englischen viele Bedeutungen. So kann **key** einen Türschlüssel meinen, aber auch die Tonart in der Musik oder eine einzelne Taste auf einer Computertastatur (eine weitere Bedeutung finden Sie unter dem Lexikoneintrag ► Verschlüsselung). Board wiederum ist unter anderem ein Holzbrett oder eine Platte. In der Zusammensetzung Keyboard kann damit die Klaviatur eines Tasteninstruments bezeichnet sein, ein klavierähnliches elektronisches Musikinstrument oder auch die **Computertastatur** als Ganzes. Ins Deutsche übernommen wurden die beiden letztgenannten Bedeutungen, also das Keyboard als elektronisches Tasteninstrument sowie als Computertastatur. Dabei ist es unerheblich, ob diese **Tastatur** physisch vorhanden ist oder nur als ► virtuelle, auf dem Bildschirm eingeblendete Tastatur, wie es etwa bei ► Smartphones der Fall ist.

Keylogger der, ► Schadsoftware

KI ► Künstliche Intelligenz

KiB das, ► Bit

Kindle ► E-Book-Reader

Klammeraffe der. Umgangssprachliche Bezeichnung für das Sonderzeichen **@** [ätt], das in jeder ► E-Mail-Adresse vorkommt. Es trennt üblicherweise den eigenen Namen von jenem des E-Mail-Anbieters, z.B. max.muster@a1.net, anna.muster@drei.at. Im Fall einer sogenannten personalisierten E-Mail-Adresse ist der hintere Teil meist der Name der Firma oder Familie, welche diese personalisierte Adresse kostenpflichtig erworben hat, z.B. max@muster.at, anna@muster.at etc. Die Aussprache von @ ist gleichlautend mit jener des englischen Vorworts „at", das „an" oder auch „bei" bedeuten kann. „@a1.net" ist somit zugleich der Hinweis darauf, bei welchem Anbieter man sein E-Mail-Konto eingerichtet hat. Schreibt hingegen jemand im Text einer Nachricht, die sich an mehrere Empfänger richtet, „@Max:", dann ist damit „an Max:" gemeint. Die dahinter folgende Botschaft ist konkret für die genannte Person bestimmt. Im selben Sinn kann man es in einer Nachricht für eine Anmerkung zu einem bestimmten Thema verwenden, etwa: „@Umtauschmöglichkeit". Hier ersetzt es dann das früher übliche lateinische „ad" oder Formulierungen wie „Stichwort: Umtauschmöglichkeit".

Klartext der, ► Verschlüsselung

Kommentar der, ► Posting

kompatibel ► Kompatibilität

Kompatibilität die. Geht zurück auf (latein.) compatior = Mitleid haben. Wenn zwei oder mehrere Personen oder Dinge miteinander **kompatibel** sind, dann sind sie miteinander vereinbar, dann passen sie zusammen. Im Computerbereich ist es immer von Vorteil, wenn Geräte und/oder ► Software eine hohe Kompatibilität aufweisen. Trifft das Gegenteil zu, dann sind sie **inkompatibel**. In diesem Fall stößt man auf (oft unlösbare) technische Hindernisse.

Komponente die. Von (latein.) componere = zusammenstellen. Als Komponenten bezeichnet man die einzelnen Bauteile, aus denen ein elektronisches Gerät zusammengesetzt ist.

Kompression die. Auch: das **Komprimieren**, die **Komprimierung**. Bedeutung: Das Zusammenpressen, das Verdichten. Im Computerbereich ist damit das Verdichten von Daten gemeint, wodurch sie weniger Speicherplatz benötigen sowie schneller und datensparender versendet oder heruntergeladen werden können. Diese Technik wird vor allem bei Digitalfotos, Videoaufnahmen und Musik angewendet. Dabei werden Bild- oder Toninformationen, welche wir mit unseren menschlichen Sinnen nicht im Detail erkennen oder unterscheiden können, entweder weggelassen oder zusammengefasst. Natürlich leidet durch das Weglassen die Qualität, und wer ein gutes Auge bzw. ein gutes Gehör dafür hat, bemerkt dies auch. Platzsparende, aber verlustbehaftete Dateiformate (► Datei) sind z.B. ► JPG oder ► MP3. Das Zusammenfassen von Daten (etwa bei Installationsdateien von Programmen) erfolgt hingegen verlustfrei, das heißt, das Original lässt sich wiederherstellen (mehr dazu siehe ► entpacken).

komprimieren ► Kompression, ► entpacken

Komprimierung die, ► Kompression

Konfiguration die. 1.) Software-Konfiguration (► Installation); 2.) Hardware-Konfiguration. Die Zusammenstellung der für die Systemleistung entscheidenden Bauteile im Inneren eines Computers, wie beispielsweise ► Prozessor, ► Arbeitsspeicher und ► Grafikkarte. Manche Computer muss man nicht fertig zusammengestellt kaufen, sondern kann sie individuell **konfigurieren** lassen.

konfigurieren ► Konfiguration (Definition 2)

Kontextmenü das, ► Menü

Konverter der, ► konvertieren

konvertieren [konwertihren]. Im Computerbereich steht konvertieren für das Umwandeln einer ► Datei in ein anderes Format. Konkrete Anwendungsbeispiele: Sie bekommen von jemandem ein Video zugeschickt, das jedoch auf Ihrem Computer nicht abgespielt werden kann. Dann kann es helfen, das Video in ein anderes Dateiformat umzuwandeln. Oder Sie erstellen Ihren Lebenslauf in ► Word, möchten aber, dass das fertige ► Dokument vom Empfänger nicht mehr verändert werden kann. Dann wandeln Sie es z.B. in ein ► PDF um. Zum Teil ist die Konvertiermöglichkeit bereits in die gängigen Programme integriert, sodass es genügt, die Datei einfach in einem anderen Format abzuspeichern. Andernfalls benötigen Sie ein zusätzliches Programm, das Sie (oft sogar kostenlos) unter der Bezeichnung **Konverter** [konwerter] bzw. (engl.) **Converter** [konwöater] im ► Internet finden. Viele Konverter sind rein ► online nutzbar, das Programm muss also nicht auf den Computer heruntergeladen werden.

Kopierschutz der, ► DRM

Kryptologie die, ► Verschlüsselung

Kryptografie die, ► Verschlüsselung

Krypto-Mining das, ► Kryptowährung

Kryptotrojaner

der, ► Schadsoftware

Kryptowährung

die. Auch: **Digitalwährung**. Ein rein elektronisches Zahlungsmittel, das nicht in der Wirklichkeit, sondern lediglich ► virtuell am Computer existiert. Die griechische Vorsilbe krypto bedeutet geheim, steht hier aber für ► Verschlüsselung. Hinter Kryptowährungen stehen keine staatlichen Institutionen, sondern eine Vielzahl privater Einzelpersonen oder Unternehmen, und sie sind bisher auch in keinem Staat als offizielles Zahlungsmittel anerkannt. Der Wert und die Einsatzmöglichkeiten beruhen rein auf den gegenseitigen Vereinbarungen und dem gegenseitigen Vertrauen der beteiligten Personen. Der Name der bekanntesten Kryptowährung lautet **Bitcoin**. Kryptowährungen bzw. eigentlich die Verschlüsselungen für die einzelnen Zahlungseinheiten (Blöcke) werden von Computern errechnet. Man spricht von **Krypto-Mining** [krüpto-majning], von (engl.) mining = Schürfen. Damit die Anzahl der Zahlungseinheiten begrenzt bleibt, wird das Schürfen in bestimmten Abständen immer zeit- und energieaufwendiger. Zur Überwachung existiert ein eigenes Buchhaltungssystem in Form einer sogenannten **Blockchain** [block-tschäjn], wörtlich: Block-Kette. Die bereits geschürften Zahlungseinheiten werden dabei zusammenhängend aneinandergereiht, sodass jeder Schritt nachvollziehbar ist.

Künstliche Intelligenz

die. Kurzform: KI. Wörtliche Übersetzung des englischen Begriffs **Artificial Intelligence** [ahrtifischl intelli-dschens], kurz: **AI**. Ein gern verwendetes Schlagwort, obwohl der Begriff bis heute nicht klar definiert ist. Im allgemeinen Sprachgebrauch bezeichnet man damit Computer (oder computergesteuerte Roboter), die in der Lage sind, zu lernen, also sich nach dem Vorbild des Menschen Wissen anzueignen. Tatsächlich sind künstliche Systeme dazu fähig, Muster und Gesetzmäßigkeiten zu erkennen und somit gewissermaßen aus Erfahrung zu lernen. Es gibt dafür auch den Oberbegriff **Maschinenlernen**. Eine Variante davon, die versucht, menschliche Wissensaneigung nachzubilden, ist als **Deep Learning** [dihp lörning] bekannt, von (engl.) deep = tief, tiefgehend und learning = das Lernen. Trotzdem ist die künstliche Intelligenz nicht mit der menschlichen vergleichbar. Damit Maschinen lernen können, müssen sie zuerst mit Unmengen von Daten gefüttert werden. Dieser Datenbestand wird von ihnen auf Grundlage von mathematischen Gesetzmäßigkeiten sortiert und geordnet, weshalb sie in speziellen Bereichen, wie etwa der medizinischen Diagnose, wichtige Hilfsdienste leisten können. Ihr Datenbestand wächst aber nicht von alleine weiter an. Was den Maschinen fehlt, ist das, was wir als Verstand bezeichnen. Sie denken nicht, sie schlussfolgern nicht, sie haben kein Bewusstsein. Und sie haben auch keinen eigenen Willen, der sie wie in der Science-Fiction-Literatur dazu antreiben könnte, die Weltherrschaft zu übernehmen. Andererseits kann KI natürlich für umstrittene Anwendungen wie die Gesichtserkennung im öffentlichen Raum eingesetzt werden.

L

LAN das, [lahn]. Auch bekannt als das **Ethernet** [ihθernet], von (engl.) ether = der Äther (im Sinne jener fiktiven Himmelssubstanz, die man im 17. Jahrhundert für die Ausbreitung des Lichts verantwortlich machte) und net = Netz. LAN wiederum steht für Local Area Network [loukäl ärea nettwöak] = lokales ► Netzwerk, im privaten Bereich auch als Heimnetzwerk bekannt. Im Gegensatz zum kabellosen ► WLAN handelt es sich beim LAN um eine verkabelte Verbindung zwischen den beteiligten Geräten. Ein ► Router dient dabei als Vermittlungsstelle zwischen den Geräten und als ► Schnittstelle zum ► Internet. Der im LAN verwendete Kabeltyp heißt **LAN-Kabel**, **Ethernetkabel** oder **Netzwerkkabel**. Auch die Bezeichnung **RJ45** taucht in diesem Zusammenhang auf, diese bezieht sich auf die Norm des Steckers bzw. der dazugehörigen Buchse.

LAN-Kabel das, ► LAN

Laptop der, ► PC

Latenz die, ► Auch: Latenzzeit. Dieser Wert gibt an, wie lang ein Datenpaket, das an einen ► Server geschickt wurde, für den Weg hin und zurück benötigt. Zugleich wird damit kontrolliert, ob ein bestimmter Server erreichbar ist. Eine kurze Latenz (angegeben in Millisekunden/ms; 1.000 ms = 1 Sekunde) ist ein entscheidendes Qualitätsmerkmal einer schnellen Internetverbindung (weitere wichtige Merkmale sind die Upload- und die Downloadgeschwindigkeit, siehe ► Datenübertragungsrate). Das Datenpaket wird auch als **Ping** bezeichnet, von (engl.) ping = schwirren. Aussprache: Wie das deutsche Wort Ding mit „p" am Anfang, allerdings männlich.

Laufwerk das. Bezeichnet im technischen Bereich ein Speicher- und Wiedergabegerät und zwar unabhängig davon, welches ► Speichermedium darin eingesetzt wird. Es existieren daher ► CD- und ► DVD-Laufwerke ebenso wie ► USB-Laufwerke. Auch die ► Festplatte eines Computers ist ein Laufwerk und sogar die Online-Speicher (► Cloud) im ► Internet werden als Laufwerke bezeichnet. Die englische Entsprechung für den Begriff Laufwerk, die auch im Deutschen verwendet wird, ist der **Drive** [draiw].

Laufzeitumgebung die. Übersetzung von (engl.) **Runtime Environment** [ranntajm enwajronment]. Eine Laufzeitumgebung ist ein Programm, das es anderen Programmen ermöglicht, unabhängig von Gerät und ► Betriebssystem zu funktionieren. Bekannte Laufzeitumgebungen sind die **NET-Plattform** von ► Microsoft und **Java Runtime Environment** (► Java).

Lautsprecherbox die, ► Box

LCD ► Bildschirmtechnologie

LED ► Bildschirmtechnologie

Library die, ► Bibliothek

Lichtwellenleiter-Kabel das, ► Glasfaserkabel

Lightning [lajtning]. Das englische Wort für Blitz. Von ► Apple entwickelter Anschluss (► Schnittstelle) für die Datenübertragung und das Laden, der bei iPhone und iPad (► Smartphone bzw. ► Tablet von Apple) zum Einsatz kommt. Teilweise wurde er mittlerweile von ► USB-C abgelöst.

Like der [lajk]. Von (engl.) like = mögen, gernhaben. Ein Like ist eine positive Bewertung in einem sozialen Netzwerk (► Soziale Medien). Mittels Mausklick oder Antippen kann man einen Beitrag **liken** [lajkn]. Dies wird etwa von Facebook auf Deutsch mit „gefällt mir" übersetzt und mittels „Daumen hoch"-Symbol dargestellt. Der Autor des Beitrags freut sich dann über möglichst viele Likes [lajks].

liken ► Like

Link der. Kurzform von **Hyperlink**, englisch [hajpalink] bzw. deutsch [hüperlink] gesprochen. Im allgemeinen Sprachgebrauch hat sich Link durchgesetzt. Die wörtliche Übersetzung von Hyperlink wäre „Überverknüpfung". Konkret handelt es sich um einen Querverweis auf einer ► Internetseite, in einem ► E-Mail oder einem elektronischen ► Dokument. Üblicherweise sind Links farblich hervorgehoben und zum Teil auch unterstrichen. Stellt man den Mauszeiger darauf, verwandelt sich der Pfeil in eine Hand mit ausgestrecktem Zeigefinger und der Link wird spätestens dann unterstrichen. Klickt man einen Link an, dann gelangt man automatisch zu jener Internetseite oder jenem Dokument, auf die im Link verwiesen wird. Es gibt weiters interne Links. Diese Querverweise führen zu einer anderen Stelle innerhalb derselben Internetseite oder desselben Dokuments.

Linux ► Betriebssystem

Livestream der, [laiwßtrihm]. Ein Livestream ist eine Übertragung in Echtzeit, vergleichbar einer Livesendung im Fernsehen. Beim Livestream macht man sich die Technologie des Internetstreamings (► Streaming) zunutze. Mittlerweile kann man übers ► Internet aktuelle Informationssendungen ebenso live mitverfolgen wie Sportveranstaltungen oder diverse Kongresse.

Log-in der oder das, [logg-in]. Auch Login geschrieben. Der Vorgang des Anmeldens bei einem ► Benutzerkonto. Im Deutschen spricht man auch vom **Einloggen**.

Log-out der oder das, [logg-aut]. Auch Logout geschrieben. Der Vorgang des Abmeldens von einem ► Benutzerkonto. Im Deutschen spricht man auch vom **Ausloggen**.

LTE ► Mobilfunkstandard

Mac
der, ► Apple, ► PC

MAC-Adresse
die, [mäck-]. Abkürzung von (engl.) Media Access Control [mihdia äkßess kontrohl] = wörtlich: Medienzugriffskontrolle. Verwendet wird aber immer nur das Kürzel MAC. Alternative Bezeichnungen: **WLAN-Adresse**, **physische Adresse** (manchmal auch aufgrund einer falschen Übersetzung aus dem Englischen: physikalische Adresse). Es handelt sich um eine Kombination aus Zahlen, Buchstaben und Doppelpunkten, die für jedes ► WLAN-taugliche Gerät weltweit einmalig vergeben wird. Mithilfe der MAC-Adresse lässt sich ein Gerät im WLAN identifizieren bzw. kann man – sofern der ► Router über diese Funktion verfügt – lediglich ganz bestimmten Geräten den Zugang zum eigenen WLAN gestatten. Die MAC-Adresse Ihres Computers oder Smartphones können Sie folgendermaßen abfragen: a) Windows. Geben Sie in das Suchfeld das Wort „Eingabeaufforderung" ein und klicken Sie in der Trefferliste darauf. Im folgenden Fenster tippen Sie „ipconfig/all" ein und bestätigen mit der Eingabetaste; b) macOS. Klick auf das Apfelsymbol, danach auf „Über diesen Mac" und „Systembericht" sowie unter dem Punkt „Netzwerk" auf „WLAN"; c) iOS. Tippen Sie auf „Einstellungen", „Allgemein" und „Info"; d) Android. Der konkrete Weg ist abhängig von der Version des ► Betriebssystems sowie vom Smartphonemodell. Auf jeden Fall müssen Sie zu den „Einstellungen" gehen, dort verbergen sich die Informationen unter Punkten wie „Geräteinformationen" oder „Über dieses Gerät".

MacBook
das, ► Apple

macOS
► Betriebssystem

magnetische Festplatte
die, ► Festplatte

Mail
die oder das, ► E-Mail

Mailbox
die, [mäjlbocks]. (Engl.) für Briefkasten, Postfach. Bezeichnet in erster Linie jenen ► Ordner, in dem die ankommenden ► E-Mails gespeichert werden.

Mailer Daemon der, ► Daemon

Mainboard das, ► Motherboard

Makro das. Ein Makro (Betonung auf dem „a“) ist eine Art von Miniprogramm, eine Zusammenfassung von Computerbefehlen, die häufig benötigt werden und in Form des Makros schneller aufgerufen werden können. In den ► Office-Programmen kann man als Nutzer selber Makros erstellen. Leider können Makros auch zur Verbreitung von ► Schadsoftware missbraucht werden, indem man z.B. ein ► Word-Dokument zugeschickt bekommt und nach dessen Öffnen der aufscheinenden Aufforderung folgt, die Makros zu aktivieren.

Malware die, ► Schadsoftware

Man-in-the-Middle-Angriff der, [män-in-de-middl-]. Wörtlich: Mann in der Mitte. Eine Form von ► Internetkriminalität. Dabei platziert sich ein Angreifer unbemerkt in der Mitte zwischen zwei miteinander kommunizierenden Geräten und fängt diese Kommunikation ab. Das Opfer des Angriffs bemerkt nicht, dass es nicht mit seinem eigentlichen Ziel verbunden ist und möglicherweise heikle Daten an einen unbefugten Dritten übermittelt. Ein Mittel dagegen ist die Ende-zu-Ende-Verschlüsselung (► Verschlüsselung).

Maschinenlernen das, ► Künstliche Intelligenz

Massenspeicher der. Als Massenspeicher bezeichnet man im Computerbereich im Prinzip jedes ► Speichermedium, auf dem man eine große Menge an Daten dauerhaft speichern kann. Weder die Art des Speichermediums noch die Datenmenge sind eindeutig festgelegt.

MB das, ► Bit

Mbit/s ► Datenübertragungsrate

Megabit pro Sekunde ► Datenübertragungsrate

Megabyte das, ► Bit

Megapixel ► Pixel

Mehrkernprozessor der, ► Prozessorkern

Meme das, [mihm]. Mehrzahl: Memes [mihms]. Hergeleitet von (griech.) mimema = imitieren. Memes sind Bilder oder kurze Videos, die auf aktuelle Ereignisse verweisen bzw. auf von Personen des öffentlichen Lebens getätigte Aussagen. Diese werden aber auf unterhaltsame, oft satirische Weise abgeändert und aus dem Zusammenhang gerissen. Besonders beliebt sind Fotos, die mit einem witzigen Text versehen werden. Oft werden auch Filmszenen dazu herangezogen. Memes werden vor allem über die ► Sozialen Medien verbreitet.

Menü das. Das englische Wort menu [mennju] steht auch für Speisekarte und von dort ist dieses Menü abgeleitet. So wie in einer Speisekarte findet man im Menü elektronischer Geräte eine Auswahl an diversen Unterpunkten und Funktionen. Die klassische Gestaltung ist die **Menüleiste** am oberen Bildschirmrand. Klickt man auf einen der nebeneinander aufgereihten Begriffe, klappt ein ► Fenster mit einer weiteren Auswahl auf. In neueren ► Office-Versionen hat ► Microsoft die Menüleiste zum breiten **Menüband** (► Ribbon) umgestaltet, bei dem die meisten Optionen ständig eingeblendet sind. Häufig anzutreffen ist weiters das **Kontextmenü**. Wenn man mit der rechten Maustaste auf ein Programmsymbol, einen ► Link oder auch nur auf den Bildschirm klickt, öffnet sich ein Menüfenster, welches damit in unmittelbarem Zusammenhang steht.

Menüband das, ► Menü, ► Ribbon

Menüleiste die, ► Menü

Memoji das, ► Emoticon

Mesh-WLAN das, [mesch-wehlahn]. Eine fortschrittliche Form des kabellosen Heimnetzwerks (► WLAN). (Engl.) mesh = verzahnen, ineinandergreifen. Ein herkömmliches WLAN besteht aus einem ► Router. Möchte man die Reichweite des Netzes innerhalb der Wohnung vergrößern, verwendet man einen oder mehrere sogenannte ► Repeater [ripihter]. Sie sind nichts anderes als Signalverstärker. Bewegt man sich z.B. mit einem ► Laptop innerhalb der Wohnung und verlässt den Signalbereich des Routers, muss sich der Laptop die nächstgelegene Signalquelle suchen, in diesem Fall einen Repeater. Ein Mesh-System besteht gleichfalls aus mehreren Bestandteilen. Diese bilden aber eine Einheit. Sie verständigen sich untereinander und reichen Geräte aktiv von einem Signalbereich zum nächsten weiter. Mesh-Systeme sind teurer, die einzelnen Bestandteile müssen aufeinander abgestimmt sein.

Messenger der, ► Instant Messenger

Metadaten die. Verborgene Zusatzinformationen, die zusammen mit dem Hauptinhalt in einer ► Datei abgespeichert werden. Anschaulich erklären kann man dies am Beispiel von Digitalfotos. Abgesehen vom Bild selbst kann eine Fotodatei Informationen zu Datum und Ort der Aufnahme, zur verwendeten Kamera und zu deren Einstellungen enthalten. In ► Word-Dokumenten kann auch der Urheber namentlich angeführt sein. Teile dieser Informationen kann man z.B. mit den in ► Windows verfügbaren Möglichkeiten abrufen, nämlich durch Rechtsklick auf die Datei und Auswahl der Option „Eigenschaften". Bei der Weitergabe von Dateien können Metadaten unter Umständen zum Datenschutzproblem werden. In manchen ► Sozialen Medien werden die Metadaten daher beim Veröffentlichen von Fotos oder Videos automatisch gelöscht.

MiB das, ► Bit

Microsoft [majkrosoft]. US-amerikanisches Technologieunternehmen, gegründet 1975. Mitbegründer und bis heute bekanntester Vertreter ist Bill Gates [bill gäjts]. Das Wort Microsoft ist zusammengesetzt aus den Begriffen Microcomputer (einer heute kaum noch gebräuchlichen Bezeichnung für kompakte Computer) und ► Software. Microsoft steckt unter anderem hinter dem weltweit erfolgreichsten ► Betriebssystem ► Windows und dem bekanntesten ► Office-Paket. Die Firma war auch maßgeblich am Erfolg des ► PCs für den Heimgebrauch beteiligt.

Microsoft 365 ► Office-Paket

Microsoft Office ► Office-Paket

Micro-SD/microSD die, ► SD-Karte

Micro-SIM die, ► SIM-Karte

Micro-USB ► USB

MIDI Als Wort gesprochen. Abkürzung von (engl.) Musical Instrument Digital Interface [mjusikäl instrument didschitäl interfäjß] = Digitale ► Schnittstelle für Musikinstrumente. Es handelt sich um ein ► Protokoll, eine Sprache, welche die Kommunikation zwischen (elektronischen) Musikinstrumenten und dem Computer ermöglicht. Zugleich bezeichnet MIDI auch die dafür notwendigen Anschlüsse.

Midi-Tower der, ► PC

Mikrochip der, ► Mikroprozessor

Mikroprozessor der. Auch: Mikrochip [mikro-tschipp]. Ein ► Prozessor von sehr kleiner, kompakter Bauform.

Mini-SD/miniSD die, ► SD-Karte

Mini-SIM die, ► SIM-Karte

Mini-USB ► USB

MMS die oder das. Deutsch und in Einzelbuchstaben gesprochen. Abkürzung von Multimedia Messaging Service [maltimihdja messädsching ßöawiss], wörtlich: Multimedialer Nachrichtenservice. Wie bei der ► SMS, deren Weiterentwicklung die MMS darstellt, steht das Kürzel sowohl für den Service als auch für die Nachricht selbst. Während SMS auf reinen Text beschränkt sind und über das Mobilfunknetz verschickt werden, kann man per MMS über das ► mobile Internet auch Fotos oder Videos versenden. Da dies allerdings vergleichsweise langsam und teuer ist, ist die MMS mit dem Aufkommen der ► Instant Messenger wie WhatsApp und Co in der Bedeutungslosigkeit versunken.

MOBI ► E-Book

mobile Daten Auf dem ► Smartphone bzw. im Zusammenhang mit darauf installierten ► Apps stößt man auf den Begriff mobile Daten. Er bedeutet, dass Gerät und/oder Apps auf das ► mobile Internet zugreifen dürfen, sofern der Internetzugang nicht über ► WLAN erfolgt. Das ist praktisch für unterwegs. Sollte man allerdings einen Mobilfunktarif mit beschränktem ► Datenvolumen besitzen, dann muss man in den Geeräteeinstellungen die Nutzung der mobilen Daten gezielt reduzieren oder gar unterbinden (z.B. ► Updates nur über WLAN zulassen).

mobiler Hotspot ► Hotspot

mobiler Router ► Router

Mobiles Breitband-Internet ► Bandbreite

Mobiles Internet Der Zusatz „mobil" weist darauf hin, dass der Zugang zum ► Internet über das Mobilfunknetz erfolgt, z.B. beim ► Smartphone oder auch daheim über einen ► mobilen Router. Die verkabelte Variante ist das ► Festnetz-Internet.

Mobilfunkstandard der. Ein Mobilfunkstandard ist eine vereinheitlichte Funktechnologie, die zur Sprach- und Datenübertragung dient. Mehrere der im Laufe der letzten Jahrzehnte entwickelten bzw. weiterentwickelten Standards werden derzeit parallel verwendet. Die Nutzer merken dies maximal dann, wenn die Geschwindigkeit des ► mobilen Internets nachlässt und sich am Bildschirm des ► Smartphones neben dem Symbol für die Empfangsstärke plötzlich das angezeigte Kürzel ändert. Wir behandeln hier nur die wichtigsten Standards: Der erste von Relevanz war 2G [zweigeh], auch **GSM** genannt. (Anmerkung: Die Buchstaben in GSM werden einzeln hintereinander und deutsch ausgesprochen. Das gilt auch für alle folgenden hier genannten Abkürzungen, außer die eckigen Klammern besagen etwas anderes). GSM ist auch heute noch für Telefonate und den Versand von Textnachrichten (SMS) im Einsatz. Allerdings sind GSM und der darauf aufbauende Standard **GPRS** [dschih-pi-ahr-ess] ungeeignet für die Bewältigung größerer Datenmengen. Einen ersten Geschwindigkeitsschub brachte hier **EDGE** [edsch]. Bei schlechtem Empfang greifen die Smartphones immer noch automatisch darauf zurück, wir empfinden es aus heutiger Sicht aber als lähmend langsam. Gewohnt sind wir nämlich mindestens **UMTS**, das auf den Bildschirmen als **3G** angezeigt wird. Mit 3G nahm das mobile Breitband-Internet (► Bandbreite) seinen Anfang und wurde dann als **HSPA/HSPA+** weiterentwickelt. Einen großen Geschwindigkeitssprung und zugleich einen Generationswechsel brachte **4G**, bekannt als **LTE**. Es handelt sich um den aktuell meistgenutzten Standard, der mittlerweile sogar höhere Geschwindigkeiten liefert als viele ► Festnetz-Internetanschlüsse. Die nächste Generation, **5G** genannt, soll mit ungleich schnellerer Datenübertragung nicht nur die Mobiltelefonie revolutionieren. Die Anbieter setzen gar nicht so sehr auf private Nutzer, sondern auf Anwendungen in Industrie und Wirtschaft, wie beispielsweise vernetzte Geräte und Maschinen, die miteinander kommunizieren können.

Monitor

der, ► Display

Motherboard

das, [madda-boad]. Von (engl.) mother = Mutter und (engl.) board = Brett, Platte, Tafel. Auf dem Motherboard sind die zentralen elektronischen Bauteile eines Computers befestigt, wie etwa der ► Prozessor, der ► Arbeitsspeicher oder die ► Grafikkarte. Alternative Bezeichnungen: a) das **Mainboard** von (engl.) main [mäjn] = Haupt-; b) die **Hauptplatine**, vom französischen Wort platine = Platte.

Mozilla

[mousilla]. Bei uns aber meistens deutsch ausgesprochen. Mozilla ist der Name einer US-amerikanischen Stiftung sowie eines Unternehmens, die beide hinter der Entwicklung und Vermarktung des ► Browsers **Firefox** [fajafocks] sowie des E-Mail-Programms ► Thunderbird [θanderböad] stehen. Der Name Firefox ist die Übersetzung der chinesischen Bezeichnung „Feuerfuchs" für den Rotfuchs. **Thunderbird** bedeutet Donnervogel und ist der Name eines urzeitlichen, flugunfähigen Vogels. Beide Programme sind (kostenlose) Alternativen zu den Marktführern wie etwa dem Browser Chrome von ► Google oder dem E-Mail-Programm ► Outlook von ► Microsoft.

MP ► Pixel

MP3 [em-peh drei]. Ein standardisiertes technisches Verfahren zur ► Kompression und Speicherung von Musik. MP3 ergibt besonders kleine ► Dateien. Es gehört zur Gruppe der ► MPEG-Verfahren (anders als die Bezeichnung vermuten ließe, handelt es sich um MPEG-2).

MP4 ► MPEG-4

MPEG [empeg]. Abkürzung von (engl.) Moving Pictures Experts Group [muhwing picktschas ekspöats gruhp]. Wörtlich: „Expertengruppe für bewegte Bilder". MPEG bezeichnet ein standardisiertes Verfahren zur ► Kompression und Speicherung von Musik und Videos.

MPEG-4 [empeg vier]. Eine von mehreren Versionen des ► MPEG-Verfahrens zur ► Kompression von Audio- und Videodateien (► Dateien). MPEG-4 ist mit einer digitalen Rechteverwaltung, also einem Kopierschutz (► DRM) versehen. Im Audiobereich wird MPEG-4 auch als AAC (deutsch und in Einzelbuchstaben ausgesprochen) bezeichnet. Das ist die Abkürzung für (engl.) Advanced Audio Coding [ädwahnßt ohdjo kouding]. Wörtlich: „fortgeschrittene Tonkodierung". Streng genommen sind MPEG-4 und AAC nicht identisch, sondern AAC wurde als Standard in den MPEG-4-Standard mit aufgenommen. Gleichfalls nicht identisch mit MPEG-4 ist **MP4**. Bei MP4 handelt es sich um ein sogenanntes ► Containerformat, das diverse ► Dateien enthält, aus denen sich z.B. ein Video zusammensetzt (Ton, Bild, Untertitel etc.). Wie dieses Containerformat technisch auszusehen hat, ist im MPEG-4-Standard festgelegt.

MS Office ► Office-Paket

Multi-Core ► Prozessorkern

Multikernprozessor der, ► Prozessorkern

Multitasking-Fähigkeit die, [multi-tahsking-]. Auch: das Multitasking. Abgeleitet von (latein.) multi = viele und (engl.) task = Aufgabe. Im Computerbereich wird damit die Fähigkeit eines ► Betriebssystems bezeichnet, mehrere Aufgaben parallel auszuführen. Dank Multitasking-Fähigkeit kann man auf Computer oder ► Smartphone verschiedene ► Apps nebeneinander in Verwendung haben, also beispielsweise im Internet ► surfen, während man gleichzeitig Musik hört.

Nachrichtenportal das, ► Portal

Namensauflösung die, ► DNS

Namensserver der, ► DNS

Name-Server der, ► DNS

Nano-SIM die, ► SIM-Karte

NAS der, [en-ah-es] oder [nas]. Abkürzung von (engl.) Network Attached Storage [nettwöak ätätscht ßtorädsch] = netzgebundener Speicher. Weitere gängige Bezeichnungen sind der NAS-Server (► Server), das NAS-System, der **Netzwerkspeicher** und das **Netzlaufwerk**. Ein NAS ist eine externe ► Festplatte, die in ein Heimnetzwerk (► Netzwerk) eingebunden ist und auf die alle Computer in diesem Netzwerk zugreifen können.

Nearby Share ► WiFi-Direct

Nerd der, [nöad]. Im Technikbereich die umgangssprachliche Bezeichnung für jemanden, der vom Computer besessen ist. Ein weniger freundliches deutsches Wort dafür ist Fachidiot. Wobei es sich um hochintelligente

Menschen mit umfangreichem Wissen handelt, die aber als gesellschaftliche Außenseiter und Sonderlinge gelten. Eine ähnliche Bedeutung wie Nerd hat Computerfreak, von (engl.) freak [frihk] = Sonderling, auf etwas Versessener.

NET-Plattform die, ► Laufzeitumgebung

Netiquette die [nettikett]. Zusammengesetzt aus (engl.) net = Netz, Internet und (franz.) etiquette = die Etikette, also die Regeln für die gesellschaftlichen Umgangsformen. Die Netiquette regelt folgerichtig die Umgangsformen im ► Internet, überall dort, wo Menschen miteinander kommunizieren (also z.B. in einem ► Internetforum). Viele Anbieter haben die Netiquette schriftlich festgehalten.

Netz das, ► Netzwerk, ► Internet

Netzjargon der, ► Seite 188

Netzlaufwerk das, ► NAS

Netzwerk das. Wörtliche Übertragung von (engl.) network [nettwöak]. Die korrekte Übersetzung des Begriffes lautet schlicht und einfach Netz. Über den Technikbereich hat sich Netzwerk aber auch in unserer Alltagssprache festgesetzt. Ein Netzwerk besteht aus mindestens zwei Computern oder ► Smartphones, die per Kabel (► LAN) oder kabellos (► WLAN) miteinander verbunden (= vernetzt) sind. Dadurch können sie untereinander Informationen austauschen. Die gängigste Form eines kleinen, lokalen Netzwerks ist das **Heimnetzwerk** für den Privatgebrauch. Dafür benötigt man einen ► Router [ruhter]. Auch das Internet selbst ist nichts anderes als ein sehr großes Computernetzwerk – in diesem Fall eben weltumspannend.

Netzwerkadministrator der, ► Administrator

Netzwerkkabel das, ► LAN

Netzwerkspeicher der, ► NAS

Newsletter der, [njuhslätta]. Von (engl.) news = Nachrichten, Neuigkeiten und letter = Brief, Schreiben. Ein Newsletter ist ein regelmäßig per ► E-Mail ausgesandtes Informationsschreiben, in welchem Unternehmen oder Institutionen ihre Newsletter-Abonnenten über Neuigkeiten, neue Produkte oder Aktionen informieren.

NFC Abkürzung für Near Field Communication [nia fihld komjunikäischen] = Nahfeldkommunikation. Im allgemeinen Sprachgebrauch wird ausschließlich die Abkürzung NFC verwendet, und die drei Buchstaben werden deutsch und einzeln hintereinander ausgesprochen. Mit NFC ausgestattete Geräte können kabellos miteinander verbunden werden, um Daten auszutauschen. Immer häufiger eingesetzt wird NFC beim sogenannten kontaktlosen Bezahlen, z.B. an der Supermarktkassa. Dies kann über ein mit NFC ausgestattetes ► Smartphone erfolgen oder auch über eine NFC-taugliche Bankomatkarte. Diese muss nicht mehr gesteckt werden, es genügt, sie ganz nahe an das Kassengerät zu halten.

Nickname der, [nicknäjm]. Das englische Wort für Spitzname.

Notebook das, ► PC

NTFS ► Dateisystem

Nutzerkonto das, ► Benutzerkonto

Nutzerprofil das. Kurz: **Profil**. Der Begriff hat zwei miteinander in Zusammenhang stehende Bedeutungen: 1.) Wenn Sie bei einem Online-Dienst (► online) oder in einem ► Sozialen Medium ein ► Benutzerkonto anlegen, dann bekommen Sie innerhalb des Kontos einen persönlichen Bereich zugewiesen, das sogenannte Nutzerprofil. Dort hinterlegen Sie die für die Nutzung notwendigen persönlichen Daten, können Details zu Ihrer Person hinzufügen und nehmen individuelle Einstellungen vor. Speziell in den Sozialen Medien sind Teile dieser Angaben für andere Nutzer einsichtig, das heißt, diese können Ihr Profil aufrufen. Deshalb ist es wichtig, dort nicht zu viel von sich preiszugeben bzw. in den Einstellungen den Personenkreis einzuschränken, der Zugriff auf das vollständige Profil hat. 2.) Auch der Online-Dienst, bei dem Sie angemeldet sind, und zahlreiche andere Unternehmen legen mehr oder weniger ausführliche Profile an, um die einzelnen Nutzer besser kennenzulernen. Es gibt dafür auch den Ausdruck **Schattenprofil**. In erster Linie geht es darum, sie konkreten Zielgruppen zuzuordnen, um darauf abgestimmte Werbung schalten zu können. Wie die Realität zeigt, kann dies aber bis hin zur politischen Beeinflussung in Wahlkampfzeiten gehen. Von diesen verborgenen Nutzerprofilen bekommt man in der Regel nichts mit. Laut Datenschutzgrundverordnung (DSGVO) hat man aber das Recht, bei Unternehmen Auskunft über die dort gespeicherten personenbezogenen Daten zu verlangen.

OCR Die drei Buchstaben, die bei uns fast immer deutsch ausgesprochen werden, stehen für Optical Character Recognition [optikäl käräkter rekognischn]. Wörtlich: „optische Buchstabenerkennung", aber der bei uns übliche Ausdruck ist **Texterkennung**. Üblicherweise erstellen ► Scanner immer Fotos, auch wenn man Text einscannt. Mithilfe von **Texterkennungssoftware** (= OCR-Software) ist es möglich, den Text aus einem Foto nachträglich so umzuwandeln, dass er mit einem Schreibprogramm wie z.B. ► Word bearbeitbar ist.

Octa-Core ► Prozessorkern

OEM-Software die, [ou-ih-em-ßoft-uäa] bzw. werden die drei Buchstaben häufig deutsch ausgesprochen. OEM steht für (engl.) Original Equipment Manufacturer [oridschinäl ekwippment mänjufäktschura] = Erstausrüster. Die Firma ► Microsoft liefert an Computerhersteller die preisgünstigeren OEM-Versionen seines ► Betriebssystems ► Windows, welche von ihnen dann auf den Geräten vorinstalliert werden. OEM-Software unterscheidet sich nicht von den offiziell erhältlichen Windows-Versionen, darf aber (zumindest offiziell) nicht unabhängig von einem Gerät in den Handel gelangen.

öffentlicher Schlüssel ► Verschlüsselung

Office ► Office-Paket

Office 365 ► Office-Paket

Office-Paket das, [offiss-]. Von (engl.) office = Büro. Manchmal findet man mit derselben Bedeutung auch die englische Bezeichnung **Office-Suite** [-ßwiht] (► Suite). Ein Office-Paket ist eine Zusammenstellung von Programmen, die man für die Büroarbeit üblicherweise benötigt. Immer im Paket enthalten sind ein Schreibprogramm (Textverarbeitung), das z.B. auch das Erstellen von Serienbriefen ermöglicht, ein Tabellenkalkulationsprogramm, mit dem man Tabellen und Diagramme gestalten und automatisierte Rechenvorgänge durchführen kann, sowie ein Programm zum Erstellen professioneller Bildschirmpräsentationen. Ergänzt werden kann das Office-Paket durch ein ► E-Mail-Programm und ein Programm zum Anlegen und Verwalten einer Datenbank. Das bekannteste kostenpflichtige Office-Paket ist ► **Microsoft Office**, auch **MS Office** oder einfach nur **Office** genannt. Davon gibt es auch eine Abo-Version, die auf mehreren Computern und mobilen Geräten genutzt werden kann und über eine ► Cloud synchronisiert wird. Diese trägt den Namen **Microsoft 365** (früher: **Office 365**). In Microsofts Office-Paketen enthalten sind u.a. die Programme ► Word [wöad], ► Excel [eksl bzw. eksell], ► PowerPoint [pauapojnt] und ► Outlook [autluck]. Eine kostenlose ► Open-Source-Alternative ist **OpenOffice** [oupen-offiss]. Ein gleichfalls kostenloses, reines Online-Programm (► online), das man über den ► Browser aufruft, ist **Google Docs** [guhgl docks].

Office-Suite die, ► Office-Paket

offline ► online

OLED ► Bildschirmtechnologie

Onboard-Grafikkarte die, ► Grafikkarte

OneDrive ► Cloud

online [onlajn]. Online sein = mit dem ► Internet verbunden, ans Internet angeschlossen sein. Das Gegenteil davon ist **offline** [offlajn]. Von (engl.) on = eingeschaltet, off = ausgeschaltet, line = Verbindung. Personen oder Geräte, die offline sind, sind in diesem Zustand nicht mit dem Internet verbunden. Weiters verwendet man Formulierungen wie „dieses Produkt/diese Informationen gibt es online". In diesem Fall steht online gleichbedeutend für „im Internet". Ähnlich verhält es sich bei einem ► Online-Shop.

Online-Forum das, ► Internetforum

Online-Handel der, [onlajn-]. Der Handel mit Waren und Dienstleistungen im ► Internet.

Online-Shop der, [onlajn-schopp]. Ein Geschäft, das nicht real, sondern nur ► online, also im ► Internet existiert. Eine alternative Bezeichnung ist der **Online-Store** [onlajn-ßtoa].

Online-Speicher der, ► Cloud

Online-Store der, ► Online-Shop

On-Screen-Keyboard das, ► virtuelle Tastatur

OpenOffice ► Office-Paket

Open Source [oupen ßorß]. Von (engl.) open = offen und source = Quelle. Der Überbegriff für ► Software, die zur kostenlosen Nutzung zur Verfügung steht und es darüber hinaus zulässt, dass Programmierer (► Programmiersprache) sie verändern und weiterentwickeln. Sie haben zu diesem Zweck Zugang zum dahinterliegenden ► Quellcode.

Operating System das, ► Betriebssystem

Optisches Speichermedium das, ► Speichermedium

Ordner der. Einen Ordner auf dem Computer oder ► Smartphone kann man sich als Mappe oder Behälter vorstellen, in dem sich eine beliebige Anzahl von ► Dateien befindet. Ordner kann man individuell erstellen und beschriften. Sie sind Teil des Ordnungssystems, damit man leichter die Übersicht behält. Deshalb kann man innerhalb eines Ordners auch sogenannte **Unterordner** anlegen, auf die man z.B. thematisch zusammengehörende Dateien verteilt. Gleichbedeutend mit Ordner wird manchmal auch der Begriff das **Verzeichnis** verwendet. Das ist nicht ganz korrekt, weil ein Verzeichnis eigentlich eine übersichtlich dargestelle Liste aller auf dem Computer vorhandenen Ordner, Unterordner und Dateien ist.

OS das, ► Betriebssystem

OTP ► Authenticator-App

Outlook [autluck]. Wörtlich: Perspektive, Aussicht. Outlook ist das E-Mail-Programm von ► Microsoft und Teil des ► Office-Pakets. Man kann damit ► E-Mails senden, empfangen und auf dem eigenen Computer verwalten. Außerdem ist eine Termin- und Kontakteverwaltung inkludiert.

packen ► entpacken

pairen ► Bluetooth

Pairing das, ► Bluetooth

Partition die, [parti-tsjon]. Eine ► Festplatte kann in mehrere Bereiche oder Abschnitte aufgeteilt sein, auf denen unterschiedliche Arten von ► Dateien abgespeichert sind, um diese sauber voneinander zu trennen. Standardmäßig befinden sich jene Dateien, die für das Starten des ► Betriebssystems nötig sind, in einem eigenen Bereich. Das ist der sogenannte Bootsektor (► Booten) – auch **Systempartition** genannt – auf den man als Computernutzer nur sehr beschränkten Zugriff hat. Daneben gibt es dann zumindest eine weitere Partition zum Speichern jener Dateien, mit denen man im Alltag arbeitet. Der Vorteil mehrerer Partitionen: Tritt in einem Bereich ein Fehler auf, bleiben die anderen Teile der Festplatte unversehrt.

Passivbox die, ► Aktivbox

Passivlautsprecher der, ► Aktivbox

Passphrase die, ► Passwort

Passwort das. Ursprünglich war ein Passwort ein geheimes Wort, das man nennen musste, um etwa eine Absperrung passieren zu dürfen. Die englischsprachige Entsprechung ist Password [pahßwöad]. Damit vergleichbar sind die Begriffe **Kennwort** und Codewort (kurz: **Code**), bei denen es um eine geheime Kennung, also ein bestimmtes Merkmal oder Zeichen zur Identifizierung geht. Auch ein ► PIN-Code ist nichts anderes als ein Passwort, besteht aber lediglich aus Ziffern. Mitunter begegnet man weiters dem Begriff **Passphrase**. Damit ist ein (aus Sicherheitsgründen) sehr langes Passwort gemeint, das aus vielen unterschiedlichen Zeichen oder aus vielen einzelnen Wörtern besteht, die hintereinander gelesen aber keinen Sinn ergeben. Passwort und Benutzername sind die allgemein üblichen Merkmale, mit denen man sich bei einem persönlichen ► Benutzerkonto anmeldet. Das Passwort stellt die Basis-Absicherung dar, die einen unbefugten Zugriff auf das Konto verhindern soll. Dabei ist es jedoch entscheidend, dass das Passwort geheim bleibt und auch nicht zu einfach zu erraten bzw. mit Computerhilfe zu knacken ist (siehe auch ► Brute-Force-Angriff). Ein zusätzlicher Sicherheitsschritt wurde im Rahmen der ► Zwei-Faktor-Authentifizierung eingeführt.

Patch der, ► Bug

Path der, ► Pfad

PayPal [päjpal]. Von (engl.) pay = zahlen und pal = Freund, Spezi, Kumpel. Ein in den USA ansässiger, weltweit häufig genutzter Dienstleister für Zahlungen im ► Internet. Der Vorteil: Als registrierter Nutzer gibt man lediglich PayPal die eigenen Konto- bzw. Kreditkartendaten bekannt. An die einzelnen Händler, in deren ► Online-Shops man einkauft, werden diese Daten nicht übermittelt. Allerdings bieten nicht alle Händler diese Bezahlmöglichkeit an.

der. Bei uns ist die deutsche Aussprache der beiden Buchstaben üblich, im Englischen heißt es [pi-ßih]. Auf jeden Fall handelt es sich um die Abkürzung von **Personal Computer** [pörsonäl kompjuter], was soviel wie persönlicher ► Rechner bedeutet. Der Begriff Computer selbst ist auf das lateinische Wort computare [komputare] = rechnen zurückzuführen. Ursprünglich wurde der Begriff PC geschaffen, um damit die ersten einigermaßen kompakten Computer für den Hausgebrauch zu bezeichnen und sie von den wissenschaftlichen und militärischen Großcomputern, die einst ganze Räume füllten, abzugrenzen. Genau genommen steht der Begriff PC noch immer für das Gerät an sich, unabhängig von Hersteller, ► Betriebssystem und Bauform. Allerdings wird er im allgemeinen Sprachgebrauch häufig anders verwendet: 1.) zur Unterscheidung zwischen den konkurrierenden Firmen ► Apple und ► Microsoft. Apple-Computer werden schon lange unter dem Namen **Mac** [mäck] verkauft, im Gegensatz zu den auch als **Windows-PCs** (► Windows) bezeichneten Produkten des Mitbewerbs; 2.) beziehen viele Nutzer den Begriff PC heute auf die Bauform, d.h. sie denken dabei an größere Geräte, die unter oder auf dem Schreibtisch stehen, nicht aber an tragbare Ausführungen. Dabei laufen eigentlich sogar die handlichen ► Tablets oft unter dem Namen Tablet-PC [täblett-]. Kommen wir nun zu den unterschiedlichen Bauformen von Computern, zunächst den Stand-, Desktop- und All-in-One-Geräten. Bei **Stand-PCs** befindet sich das Gehäuse (auch: **Tower** [taua] = Turm genannt), das sämtliche Bauteile beherbergt, meist unter dem Tisch. Lediglich der Bildschirm steht oben (sowie natürlich Maus und Tastatur, ► Keyboard). Etwas kompaktere Gehäuseausführungen werden unter dem Namen **Midi-Tower** [midi-taua] angeboten. Computer, deren PC-Gehäuse hingegen (liegend) oben auf dem Tisch Platz finden, heißen **Desktop-PCs** [desktopp-], von (engl.) desktop = Schreibtisch, Arbeitsoberfläche. Auch **All-in-One-PCs** sind Desktop-Geräte. Zu ihrer Besonderheit zählt allerdings, dass sie den Computer mit sämtlichen Bauteilen, den Bildschirm und die Lautsprecher in einem einzigen Gehäuse vereinen. All-in-One-PCs sind meist ebenso elegante wie teure Alleskönner ohne Kabelsalat. Die klassische tragbare Bauform mit eingebauter Tastatur und aufklappbarem Bildschirm ist der **Laptop** [läptopp] bzw. das **Notebook** [noutbuck]. Beide Begriffe bezeichnen dieselbe Art von Geräten. Laptop dient als Unterscheidung zum Desktop, weil man ihn unterwegs auf den Schoß (= lap) stellen kann. Notebook heißt schlicht Notizbuch und weist auf die Kompaktheit und die Tatsache hin, dass man das Gerät mit sich tragen kann. Bei den Laptops/Notebooks sind in der Vergangenheit immer wieder diverse Abwandlungen entstanden, die aber meist ebenso schnell verschwunden sind, wie sie auf dem Markt erschienen sind. Vergleichsweise lange gibt es bereits das **Ultrabook**, in einer Mischung aus Deutsch und Englisch [ultrabuck] ausgesprochen. Der Name deutet einfach nur auf das extrem schlanke Gehäuse (unter 2 cm) hin. Ein anderes Nischengerät ist der **Hybrid-PC** [hübrihd]. Ein Hybrid ist immer etwas Vermischtes, eine Kreuzung. Ein Hybrid-PC ist eine Mischung aus Laptop und Tablet, die sich sowohl mittels Tastatur als auch mit den Fingern am ► Touchscreen bedienen lässt. Wenn die Tastatur wegschwenkbar, aber fest mit dem Bildschirm verbunden ist, spricht man auch von einem **Convertible** [konwörtibl], von (engl.) convertible = verwandelbar. Kann man die Tastatur hingegen vollständig entfernen, nennt man das Gerät auch einen **Detachable** [ditätschäbl], von (engl.) detachable = abnehmbar.

PCI [pih-ßih-aj] oder deutsch, gleichfalls in Einzelbuchstaben. Abkürzung von Peripheral Component Interconnect, wörtlich: Peripheriekomponentenverbindung. Es gibt keinen deutschen Ausdruck dafür, verwendet wird lediglich die Abkürzung. Es handelt sich um ein ► Bussystem mit Steckverbindungen für den einfachen Einbau von ► Grafikkarten, ► Soundkarten, ► Festplatten etc. in den ► PC.

PDF das. Deutsch und in Einzelbuchstaben gesprochen. Abkürzung von Portable Document Format [portäbl dockjument foamät], wörtlich: transportables Dokumentenformat. Verwendet wird nur die Abkürzung PDF. Sie steht für das ► Dokument und ist zugleich die dazugehörige ► Dateiendung. Im Gegensatz zu anderen Dokumenten, etwa solchen, die in ► Word erstellt wurden, kann ein PDF nicht so einfach verändert werden. Das ► Konvertieren ins PDF-Format eignet sich daher gut, um fertige Dokumente per ► E-Mail zu verschicken oder für den Ausdruck bereitzustellen. Entwickelt wurde das Format von der Firma ► Adobe, die mit dem Adobe Reader auch das passende Programm bereitstellt, um PDF-Dokumente anzuzeigen.

Pentium
▶ Intel

Performance
die, [pöafoamänß]. Leistungsstärke, Leistungsfähigkeit, Leistungsverhalten eines technischen Geräts.

Peripheriegerät
das. Als Peripheriegeräte bezeichnet man alle Geräte rund um den Computer, die nicht eingebaut, sondern über Kabel oder auch kabellos mit ihm verbunden sind. Dazu gehören z.B. Maus, ▶ Tastatur, Drucker, ▶ Scanner, ▶ Monitor, externe ▶ Festplatte, ▶ Webcam, ▶ Headset etc.

Personal Computer
der, ▶ PC

Personalisierte Werbung
die. Auf die Interessen, das Geschlecht, das Alter, den Wohnort, die politische Einstellung etc. des einzelnen Internet-Nutzers abgestimmte Werbeeinblendungen. Sie basieren auf ▶ Tracking und in dessen Zuge angelegten ▶ Nutzerprofilen (siehe Definition 2).

persönlicher Hotspot
der, ▶ Hotspot

Pfad
der. Wörtliche Übersetzung von (engl.) path [pahθ]. Ein Pfad ist eine Art Wegbeschreibung oder Positionsangabe. Er zeigt an, wo innerhalb des Ordnersystems auf der Computerfestplatte sich eine bestimmte ▶ Datei befindet. Ein Pfad besteht auf jeden Fall aus der Bezeichnung der ▶ Festplatte (z.B. C:, dem Namen des Benutzers, einem ▶ Ordner und eventuell weiteren Unterordnern sowie einer Datei. Beispiel: C:\Benutzer\MaxMustermann\Bilder\Wien\Riesenrad.jpg

Phablet
das, [fäblet]. Eine aus ▶ Smartphone und ▶ Tablet zusammengesetzte Bezeichnung für Smartphones mit überdurchschnittlich großem Bildschirm (▶ Displaydiagonale). Da die Geräte aber generell immer größer werden und es keine zusätzlichen Unterscheidungsmerkmale gibt, hat sich Phablet im allgemeinen Sprachgebrauch bisher nicht durchgesetzt.

Phishing
das, ▶ Internetkriminalität

Photoshop der, ► Adobe

Physische Adresse die, ► MAC-Adresse

PIN der oder die. Auch: PIN-Code [pinn-koud]. Abkürzung von (engl.) Personal Identification Number [pöasonäl ajdentifikäjschn namber]. Auf Deutsch: Persönliche Identifikationsnummer. Eine aus mindestens vier Ziffern bestehende Geheimzahl, wie sie etwa bei Bankkarten für die Geldbehebung am Bankomat oder zur Entsperrung der ► SIM-Karten von ► Smartphones eingesetzt wird. Im Falle der SIM-Karten kann man den PIN über das Smartphone individuell abändern. Ein PIN-Code kann aber auch als Einmalpasswort zum Einsatz kommen, etwa bei der Anmeldung zu einem ► Benutzerkonto. Beachten Sie dazu auch die Lexikoneinträge ► Passwort, ► Authenticator-App und ► Zwei-Faktor-Authentifizierung.

Ping der, ► Latenz

Pixel das, [picksl]. **Bildpunkt**. 1.) Im Zusammenhang mit Bildschirmen und Videoaufnahmen ► Auflösung. 2.) In der Fotografie muss man unterscheiden zwischen dem Pixel als Grundelement eines Digitalfotos und dem Pixel als winziger lichtempfindlicher Zelle, die gemeinsam mit Millionen anderen auf dem Bildsensor (► Chip) der Kamera angeordnet ist. Anders als die deutsche Bezeichnung vermuten lässt, ist ein Bildpunkt nicht rund, sondern quadratisch und einfärbig. Die Vielzahl einzelner Pixel neben- und untereinander ergibt ein Digitalfoto. Wenn man auf dem Computerbildschirm einen Ausschnitt aus einem Digitalfoto stark vergrößert, sind die einzelnen Pixel mit freiem Auge gut zu erkennen. Flächen sind dann als eine Ansammlung von Quadraten zu sehen, Kurven und schräge Linien weisen eine deutliche Abstufung („Sägezahneffekt") auf. Multipliziert man die Pixelanzahl in der Breite mit der Pixelanzahl in der Höhe, ergibt sich deren Gesamtanzahl. Zum Beispiel: 3.000 x 4.000 = 12 Millionen (die exakte Anzahl ist vom Kameramodell abhängig). Dieser Wert wird in **Megapixel (MP)** angegeben. 12 MP entsprechen 12 Millionen Pixel. Um diesen Wert ohne technische Tricks zu erreichen, müssen sich zumindest ebenso viele Pixel auf dem Bildsensor befinden. Ihre Anzahl ist somit ausschlaggebend für die Auflösung der Kamera und damit für den Detailreichtum des Bildes.

Platine
die, ► Motherboard

Plattform
die, ► Portal

Player
der [pläija]. Spieler. 1.) Im technischen Bereich ist damit seit jeher ein Abspiel- bzw. Wiedergabegerät gemeint bzw. ein Programm, welches diese Funktion erfüllt. Beispiele: CD-Player, DVD-Player, Videoplayer. 2.) Im Bereich der Computerspiele bezeichnet Player die Person des unmittelbar teilnehmenden Mitspielers (bzw. der teilnehmenden Mitspieler), also Player 1, Player 2, Player 3 etc. Die allgemeine Bezeichnung für jemanden, der leidenschaftlich gerne am Computer spielt, ist hingegen **Gamer** [gäjma], von (engl.) game [gäjm]= Spiel.

Plug and Play
[plagg änd pläj]. Wörtlich: anstecken und (ab)spielen. Auch zu finden unter dem Kürzel **PnP**, englisch [pi-en-pi] bzw. deutsch [pe-en-pe] ausgesprochen. Bezeichnet die mittlerweile fast selbstverständliche Möglichkeit, dass man ein neues Gerät an den Computer ansteckt und ohne weiteren Aufwand sofort verwenden kann. Deshalb lautet die deutsche Übersetzung oft auch: anstecken und loslegen.

Plugin
das, [plagg-in]. Auch Plug-in geschrieben. Der Begriff steht im Englischen für ein Zusatzmodul oder Einsteckelement und bedeutet wörtlich „einstöpseln" oder „anschließen". Übertragen auf den Computerbereich bezeichnet Plugin eine zu einem bereits bestehenden Hauptprogramm gehörende Zusatzsoftware. Nach deren Installation verfügt es über weitere Funktionen. Manchmal wird Plugin gleichbedeutend mit Add-on (► Erweiterung) verwendet und die Grenze ist auch nicht immer eindeutig zu ziehen. Grundsätzlich ist ein Add-on lediglich eine kleine Funktionserweiterung, die nur in Kombination mit einem Programm funktioniert. Ein Plugin hingegen ist eine selbstständige ► Software, auf die andere Programme zugreifen, um ihren Funktionsumfang zu erweitern (z.B. Wiedergabemöglichkeit von Videos direkt im ► Browser).

PNG
► JPEG

PnP
► Plug and Play

Podcast der, [poddkahst]. Ein Kunstwort, zusammengesetzt aus (engl.) broadcast [brodkahst] = Rundfunk und iPod [ajpodd], dem Namen jenes tragbaren Musikwiedergabegeräts (► Player), mit dem die Firma ► Apple vor einigen Jahren den Markt eroberte. Man kann einen Podcast mit einer regelmäßigen Radiosendung vergleichen, nur dass die Beiträge nicht ausgestrahlt werden, sondern über das Internet bezogen (abonniert) und zeitunabhängig angehört werden können. Mittlerweile gibt es auch **Video-Podcasts** zu den unterschiedlichsten Themenbereichen.

POP3 [popp-drei]. Im Zusammenhang mit E-Mail-Konten (► E-Mail) stößt man auf die Begriffe POP3 und **IMAP** [ajmäpp]. Beide sind sogenannte ► Protokolle, also Regelwerke, die festlegen, wie Geräte im ► Internet miteinander kommunizieren. Beide dienen in diesem Fall dem Empfang und der Verwaltung von E-Mails. POP3 steht für das weit verbreitete Post Office Protocol Version 3, wörtlich: „Postamtsprotokoll in der Version 3", verwendet wird aber ausschließlich die Abkürzung. Wenn Sie auf Ihrem Computer oder ► Smartphone ein E-Mail-Programm installiert haben, dann dient POP3 der „Abholung" Ihrer Nachrichten aus Ihrem Postfach, das sich auf einem ► Server Ihres Anbieters befindet. Tatsächlich wird die Nachricht auf Ihr Gerät heruntergeladen und – zumindest in der Standardeinstellung – gleichzeitig vom Server des Anbieters entfernt. IMAP wiederum steht für Internet Message Access Protocol, wörtlich: „Internetnachrichtenzugangsprotokoll". Auch hier ist lediglich die Abkürzung in Verwendung. IMAP ermöglicht es, die E-Mails auf dem Anbieterserver und Ihrem Gerät immer synchron zu halten. Egal, ob Sie sich via ► Browser direkt in Ihrem Benutzerkonto anmelden oder mit dem E-Mail-Programm arbeiten, werden durchgeführte Änderungen hier wie dort übernommen. Jedes E-Mail-Programm kann mit POP3-Konten umgehen, die meisten auch mit IMAP-Konten. Der Anbieter muss dies jedoch auch zulassen.

Pop-up das, [popp-app]. Auch: Pop-up-Fenster. Alternative Schreibweise: Popup. (Engl.) pop up bedeutet erscheinen, plötzlich auftauchen. Und genau das tun Pop-ups. Sie scheinen meist unerwartet in Form eines Fensters (► Windows) im ► Browser auf. Oft handelt es sich dabei um Werbung, weshalb die Browser eine Funktion haben, die Pop-ups daran hindert, sich automatisch zu öffnen. Manchmal ist ein Pop-up aber auch nötig, weil es ein Formular zum Ausfüllen oder ein Anmeldefenster für ein ► Benutzerkonto enthält. Solche Pop-ups kann man im Browser dann gezielt zulassen.

Port

der, 1.) Anschluss (► Schnittstelle); 2.) (Engl.) port (gesprochen wie geschrieben) lässt sich im Computerbereich mit Tor oder Durchlass übersetzen. Damit ist auch schon anschaulich die Funktion von Ports beschrieben. Jeder Computer verfügt über mehrere Tausend davon, die jeweils mit bestimmten Nummern versehen sind. Sie sitzen an der ► Schnittstelle zwischen Gerät und ► Internet. Ports existieren nicht real, sie sind Bestandteil des Adresssystems im Internet (► IP-Adresse, Definition 2). Über die Ports findet der Datenaustausch mit dem Internet statt. Damit ein Datenpaket korrekt zugestellt wird, wird es an eine konkrete Portnummer adressiert. Einige Portnummern bzw. Nummernbereiche sind fix für bestimmte ► Anwendungen reserviert (z.B. E-Mail-Versand).

Portal

das. Das Wort Portal (mit Betonung auf dem „a") kommt von (latein.) porta = Tür, Tor. Im ► Internet wird der Begriff für eine ► Internetseite verwendet, die als Startseite und Zugang zu diversen Informationen und Angeboten dient und die auch personalisierbar ist. Ganz allgemein spricht man von **Internetportal**, es gibt aber auch spezialisierte Portale wie etwa **Nachrichtenportale** oder **Videoportale** (z.B. ► YouTube). Der Begriff **Plattform** hat eine vergleichbare Bedeutung wie Portal.

Post

der, ► Posting

Postfach

das, ► E-Mail

Posting

das, [pousting]. Ein schriftlicher Beitrag in einem ► Sozialen Medium. Alternativ zu „das Posting" sagt man auch der **Post** [poust]. Abgeleitet wird beides vom (engl.) Zeitwort post mit der ursprünglichen Bedeutung „etwas mit der Post aufgeben". Im Deutschen bezeichnet man die Tätigkeit der Beitragsveröffentlichung ebenfalls als **posten** [pousten]. Auch auf den ► Internetseiten von Tageszeitungen wird viel gepostet, allerdings wird der Beitrag selbst dort üblicherweise als Kommentar bezeichnet. Und manchmal wird überhaupt ein ganz eigener, einprägsamer Begriff kreiert, wie etwa auf Twitter (gesprochen wie geschrieben), einem nicht zuletzt in den USA beliebten Sozialen Medium. Dort heißt es statt Posting Tweet [twiht]. Sowohl twitter als auch tweet bedeuten im Englischen zwitschern bzw. Vogelgezwitscher.

posten ► Posting

PowerLAN ► Powerline

Powerline [paualajn]. Das englische Wort für Stromleitung steht im Internetbereich auch für die Möglichkeit, die Stromleitungen in Haus oder Wohnung für die Errichtung eines Heimnetzwerks (► Netzwerk) zu verwenden. Manche Hersteller sprechen auch von **PowerLAN** [paualahn], abgeleitet vom ► LAN, also dem verkabelten Heimnetzwerk (= Ethernet). Im Handel sind entsprechende Powerline- bzw. PowerLAN-Adapter erhältlich. Beachten muss man, dass Powerline für elektrische Störquellen anfällig ist, und zwar solche, die eine Störspannung an das Stromnetz zurückgeben und damit womöglich die Datenübertragung über das Stromnetz abschwächen. Dazu gehören auch Verteiler- oder Mehrfachsteckdosen, an denen man daher keinen Powerline-Adapter betreiben sollte.

PowerPoint [pauapojnt]. Zusammengesetzt aus (engl.) power = Kraft, Stärke und point = zeigen bzw. Standpunkt. PowerPoint ist das Präsentationsprogramm von ► Microsoft, enthalten im ► Office-Paket. Mit einem solchen Programm kann man Bildschirmpräsentationen gestalten, bestehend aus sogenannten Folien. Diese bieten umfangreiche Gestaltungsmöglichkeiten, angefangen von einfachem Text bis hin zu Grafiken, Tabellen, Diagrammen, Film und Ton. An die Wand projiziert, unterstützen einen diese Folien z.B. bei einem Vortrag oder einem Referat. In PowerPoint erstellte Präsentationen sind an der ► Dateiendung **PPTx** (in älteren Versionen **PPT**) erkennbar.

PPT/PPTx ► PowerPoint

Private Key ► Verschlüsselung

privater Schlüssel
► Verschlüsselung

Profil
das, ► Nutzerprofil

Programmcode
der, ► Programmiersprache

Programmieren
das, ► Programmiersprache

Programmierer, Programmiererin
der/die, ► Programmiersprache

Programmiersprache
die. Eine Programmiersprache ist eine über die Computertastatur eingegebene künstliche Sprache, die sich aus Buchstaben und Zeichen zusammensetzt und bestimmten Regeln folgt. Sie besteht aus Befehlszeilen, also einer Abfolge von Anweisungen, die vom Computer verstanden und schrittweise abgearbeitet werden. Die Gesamtheit dieser Anweisungen wird auch als **Pogrammcode** oder einfach nur **Code** [koud] bezeichnet (siehe auch ► Quellcode). Weit verbreitete Programmiersprachen sind z.B. ► Java, ► HTML oder JavaScript (► Skript). Computerprogramme und ► Apps werden in Programmiersprachen geschrieben, man spricht auch vom Vorgang des **Programmierens**. Personen, die Computerprogramme schreiben, heißen **Programmierer/Programmiererin**. Im Gegensatz dazu ist **der Entwickler/die Entwicklerin** jemand, der ein Programm oder eine App konzipiert. Im allgemeinen Sprachgebrauch wird aber meist nicht so streng unterschieden.

Progressiv
► 1080i/1080p

Protokoll
das. Ein **Internetprotokoll**, kurz: Protokoll ist ein Regelwerk für die Kommunikation zwischen verschiedenen Geräten im ► Internet. Gängige Protokolle sind z.B. ► HTTP, ► SMTP, ► TCP/IP, IMAP und POP3 (► POP3).

Provider
der, [prowajder]. Von (engl.) provider = der Anbieter. Im Deutschen eingebürgert hat sich die englische Bezeichnung vor allem für die Betreiber von Handynetzen (= Mobilfunkprovider) und für die ► E-Mail- und Inter-

netanbieter. Für Letztere gibt es außerdem den Fachbegriff ISP [aj-es-pih] bzw. alternativ deutsch ausgesprochen. Das ist die Kurzform von (engl.) Internet Service Provider [internett ßöawiss prowajder].

Proxyserver der, ► Server

Prozessor der, [pro-tsessor]. Der Prozessor ist Herz und Gehirn von Computer, ► Tablet und ► Smartphone. Alternative Bezeichnungen: **Rechenchip** ([-tschipp] ► Chip) oder **CPU** [ßih-pi-juh]. Bei uns gebräuchlich ist die deutsche Aussprache des Kürzels, also die drei Buchstaben hintereinander. CPU ist die Kurzform von (engl.) Central Processing Unit [ßenträl proßessing juhnit]. In fast wörtlicher Übersetzung dieses Begriffs wird der Prozessor auch als zentrale Steuereinheit bzw. als Rechen- und Steuerwerk bezeichnet. Rechenwerk deshalb, weil im Prozessor laufend Berechnungen stattfinden, damit er die vom Nutzer eingegebenen Befehle in die Computersprache übersetzen und ausführen kann (daher auch die Alternativbezeichnung „Rechner" für den Computer). Und Steuerwerk deshalb, weil er zugleich dafür sorgt, dass alle Bauteile bzw. Baueinheiten des Geräts optimal zusammenarbeiten. Befehle können mathematische Aufgaben ebenso sein wie die Eingabe von Text über die Tastatur, ein Klick mit der Maus, das Öffnen eines Programms, das Drucken eines Dokuments – oder einfach gesagt: Befehle sind alles, was Sie als Nutzer auf dem Gerät tun. Der Prozessor, konkret dessen ► Taktfrequenz, ist mitverantwortlich für das Arbeitstempo des gesamten Geräts. Ein wichtiges Material für den Bau von Prozessoren ist ► Silizium. Manche CPUs beinhalten auch einen eigenen Grafikprozessor, der die Aufgaben einer ► Grafikkarte erfüllt.

Prozessorkern der. Zusammengesetzt aus (engl.) core [kohr] = Kern und ► Prozessor. Weitere Bezeichnungen: Rechenkern, CPU-Kern. Der Kern ist der zentrale Teil des Prozessors. Moderne Prozessoren haben nicht nur einen Kern, sondern mindestens zwei = Zweikern-Prozessor (**Dual-Core**). Weiters gibt es Dreikern-, Vierkern-, Sechskern und Achtkern-Prozessoren (Tri-, **Quad-**, Hexa-, **Octa-**Core). Prozessoren mit mehr als acht Kernen laufen unter den Bezeichnungen Mehrkern-, Multikern- oder **Multi-Core**-Prozessoren. Theoretisch bringt eine höhere Anzahl von Prozessorkernen auch eine höhere Leistung bzw. kann der Computer mehrere Aufgaben parallel erledigen oder eine einzelne Aufgabe durch Parallelschaltung mehrerer Kerne umso schneller abarbeiten. Wie gut dies in der Praxis funktioniert, hängt aber immer auch vom ► Betriebssystem bzw. von den verwendeten Programmen ab, weil die Prozessorkerne entsprechend aufeinander abgestimmt werden müssen.

PSK

► WLAN

Public Domain

[pablick domäjn]. Der Begriff stammt aus dem amerikanischen Rechtswesen und bedeutet so viel wie „frei von Urheberrechten". Wenn künstlerische Werke oder ► Software unter Public Domain fallen, dann stehen sie für alle zur freien Nutzung bereit. Im deutschsprachigen Raum gibt es den Begriff der **Gemeinfreiheit**, der ähnlich, aber – aufgrund der anderen Rechtslage – nicht identisch definiert ist. Allgemein gilt: **Gemeinfrei** ist ein Werk, dessen Urheber es zur allgemeinen Nutzung freigegeben hat bzw. dessen Urheberrecht durch Zeitablauf (z.B. 70 Jahre nach dem Tod des Schöpfers) geendet hat. Auch dazu ist die Rechtslage international nicht einheitlich. (Bitte beachten Sie außerdem die Definition von ► Creative Commons.)

Public-Key-Verfahren

das, ► Verschlüsselung

PUK

der. Als Wort gesprochen. Abkürzung von (engl.) Personal Unblocking Key [pöasonäl anblocking kih], wörtlich: persönlicher Entsperrschlüssel. Dem PUK begegnet man im Alltag vor allem im Zusammenhang mit den ► SIM-Karten von ► Smartphones. So wie der ► PIN ist der PUK eine Geheimzahl. Hat man den PIN zu oft (üblicherweise drei Mal) falsch eingegeben, wird die SIM-Karte automatisch gesperrt. Dann benötigt man den vom Mobilfunkanbieter zusammen mit der SIM-Karte erhaltenen PUK, um sie wieder freizuschalten.

PUP

das. Abkürzung für „potenziell unerwünschtes Programm" (die drei Buchstaben werden einzeln ausgesprochen). Ein PUP ist nicht direkt als ► Schadsoftware anzusehen, bringt aber auch keinen wirklichen Nutzen und kann eventuell die Leistung des Computers beeinträchtigen. Ein typisches Beispiel dafür sind ► Toolbars.

Push [pusch]. Dem englischen Wort push = schieben, stoßen, forcieren begegnet man in zwei miteinander verwandten Bedeutungen: 1.) Push-Benachrichtigung, auch: Push-Nachricht. Das sind Mitteilungen, die z.B. von ► Apps ausgehen und auf dem ► Smartphone eingeblendet werden, auch wenn man die entsprechende App gerade nicht verwendet. Je nach App können das aktuelle Nachrichten ebenso sein wie Informationen über verfügbare ► Updates oder neue Funktionen der App. Auch am Computer gibt es immer häufiger Push-Nachrichten und ebenso findet man sie auf ► Internetseiten, die einem Mitteilungen senden möchten. In den Geräteeinstellungen bzw. im ► Browser kann man (auch nachträglich) darauf Einfluss nehmen, von wem man Push-Nachrichten bekommt. 2.) Push bezeichnet auch eine Methode, wie man ► E-Mails zugestellt bekommt, sofern der Anbieter diese Funktion bereitstellt. Jede E-Mail, die auf dem ► Server des Anbieters eintrifft, wird dann ohne Zeitverzögerung an die mit dem E-Mail-Konto verbundenen Geräte weitergeleitet. Der Vorteil ist, dass man die E-Mails nicht extra abrufen muss, der Nachteil der Push-Funktion ist allerdings ein höherer Stromverbrauch.

QLED ► Bildschirmtechologie

QR-Code der, [ku-err-koud]. QR ist die Abkürzung von (engl.) quick response [kwick rispons] = schnelle Antwort, schnelle Reaktion. Die kleinen Quadrate mit Schwarzweiß-Muster begegnen einem häufig etwa auf Plakaten, Produktverpackungen oder in Zeitschriften. Sie richten sich an ► Smartphone-Nutzer. Hinter dem Muster kann sich eine Textbotschaft verstecken, aber auch ein ► Link zu einer ► Internetseite, einem Video, einer Musikdatei oder zum jeweiligen ► App-Store. Viele aktuelle Smartphones können QR-Codes entschlüsseln, wenn man für einige Sekunden die Kamera darauf richtet. Ein Fenster zeigt dann entweder den Text an oder den Link, den man zur Bestätigung antippen muss. Geräte, welche diese Funktion nicht integriert haben, kann man mit einer entsprechenden ► App nachrüsten.

Quad-Core ► Prozessorkern

Quellcode der [kwellkoud]. Abgeleitet von (engl.) source code [ßorß-koud]. Auch: **Quelltext**, **Seitenquelltext**. Man kann den Begriff **Code** hier als eine Art Sprache bzw. als schriftliche Anweisungen für den Computer verstehen. Der Quellcode bildet die Grundlage eines Programms. Es handelt sich um eine vom ► Programmierer geschriebene Abfolge von Befehlszeilen hinter einem Programm oder einer ► Internetseite. Der Computer liest den Code und führt ihn als Text, Bild oder Fuktion aus. Die Befehlszeilen sind üblicherweise geheim und werden nur bei ► Open-Source-Programmen zugänglich gemacht.

Quelltext der, ► Quellcode

QUERTY ► Tastaturlayout

QUERTZ ► Tastaturlayout

QuestBack [kwestbäck]. Ein international tätiges Unternehmen, das mit seiner gleichnamigen ► Software andere Firmen unter anderem bei Kundenumfragen unterstützt. Auch die KONSUMENT-Leserumfragen werden mit QuestBack durchgeführt.

RAM ► Arbeitsspeicher

Ransomware die, ► Schadsoftware

RAW Das englische Wort für „roh" steht in der Fotografie für das sogenannte Rohdatenformat. Ausgesprochen wird RAW mit einem geschlossenen, dumpfen „a", es liegt klanglich in der Mitte zwischen [roh] und [rah]. Beim Speichern eines Fotos im RAW-Format erfolgt seitens der Kamera keine ► Kompression oder sonstige Bearbeitung. Es gibt keine Qualitätsverluste, das Bild liegt im Original vor. Solche ► Dateien benötigen viel Speicherplatz, sind aber das geeignete Ausgangsmaterial für umfangreiche Nachbearbeitungen am Computer. Es gibt allerdings kein einheitliches RAW-Format. Die Kamerahersteller haben ihre Varianten, während sich gleichzeitig die Firma ► Adobe bemüht, ihr eigenes Rohdatenformat namens DNG (= Digitales Negativ) als allgemein akzeptierten Standard zu etablieren. Eine Alternative für die Speicherung ohne Qualitätsverluste ist das Dateiformat **TIFF** (auch: **TIF**), als Wort gesprochen. Wie bei RAW erfolgt hier keine Datenkompression, allerdings werden Kameravoreinstellungen wie der Weißabgleich oder die Tonwertkorrektur übernommen, d.h. es handelt sich bei TIFF um keine reinen Rohdaten.

RAR ► entpacken

Re Abkürzung von (engl.) reply [riplaj] = Antwort. Man begegnet dieser Abkürzung in ► E-Mails, alternativ zum deutschen **AW**. Das Kürzel wird automatisch in die Betreffzeile eingefügt, wenn man auf die Option „Antworten" klickt.

Reader der, [rihda]. Wörtlich: Leser. 1.) Ein Reader ist ein Programm, mit dem man eine bestimmte Art von ► Dateien anzeigen kann. Eines der bekanntesten ist der ► Adobe Reader zur Anzeige von ► PDFs. 2.) Ein Reader kann auch ein eigenständiges Gerät sein, mit dem man wiederum eine bestimmte Art von Dateien anzeigen kann, wie z.B. mit einem ► E-Book-Reader.

Receiver der, [ri-ßihwa]. Empfänger. Im technischen Bereich ist ein Receiver ein Signalverstärker, der zusätzlich über einen Rundfunkempfänger für TV- und Radiosignale verfügt. Umgangssprachlich wird mit derselben Bedeutung auch der Begriff **Tuner** [tjuhna] verwendet. Von (engl.) tune [tjuhn] = stimmen, abstimmen. Ein Tuner ist aber lediglich der Empfangsteil. Es gibt ihn für unterschiedliche Signale, also Satellit, terrestrisch und Kabel. Der Tuner kann in das TV-Gerät eingebaut oder als externe ► Settop-Box ausgeführt sein. Die Kombination aus Tuner und Signalverstärker in einem Gerät nennt man Receiver.

Rechenchip der, ► Prozessor

Rechner der. Andere Bezeichnung für Computer, im allgemeinen Sprachgebrauch weniger häufig verwendet als in der Fachsprache. Im Inneren eines Computers führt ein ► Prozessor laufend Berechnungen durch, damit er die vom Nutzer eingegebenen Befehle in die Computersprache übersetzen und ausführen kann. Analog zum Taschenrechner wurde von diesen Rechenvorgängen die Bezeichnung für das ganze Gerät abgeleitet. Der Begriff Computer selbst ist auf das lateinische Wort computare [kompu-tare] = rechnen zurückzuführen.

Rechnerwolke die, ► Cloud

RGB ► Farbraum

Registrierungsdatenbank die, ► Registry

Registry

die, [redschistri]. Auf Deutsch: **Registrierungsdatenbank**, meist wird aber auch bei uns der englische Ausdruck verwendet. Es handelt sich dabei um versteckte Ordner und Dateien unter ► Windows. In diesen sind wichtige Informationen zu Windows und den auf dem Computer befindlichen Programmen abgespeichert, z.B. welche davon beim Einschalten des Computers automatisch gestartet werden sollen, die individuellen Einstellungen oder die zuletzt geöffneten Dateien. Zudem wird jedes neu installierte Programm bzw. jeder ► Treiber in dieser Datenbank registriert. Windows greift regelmäßig auf diese Informationen zurück, ohne Registry würde es nicht funktionieren.

Remote Access der, ► Remotezugang

Remotedesktop-Verbindung die, ► Remotezugang

Remotezugang

der, [rimout-]. Teilübersetzung des Begriffs **Remote Access** [rimout äkßess], von (engl.) remote = entfernt. Gemeint ist im Prinzip die Fernsteuerung eines Computers über einen anderen, auch weit entfernten Computer. Das wird beispielsweise genutzt, um von daheim oder auf Dienstreise auf den Computer im Büro und die dort gespeicherten Unterlagen Zugriff zu haben. Auch kann ein Experte auf diese Weise Probleme auf einem anderen Computer beheben, ohne die Anreise auf sich nehmen zu müssen (auch als **Fernwartung** bezeichnet). Eines der meistverwendeten Programme für die Fernwartung trägt den Namen **TeamViewer** [tihm-fju-a]. Mit der gleichen Bedeutung wie Remotezugang begegnet man auch den Begriffen **Fernzugriff** bzw. **Remotedesktop**-Verbindung (weil man dadurch u.a. Zugriff auf den ► Desktop des anderen Computers erhält).

rendern Das Wort kommt ursprünglich aus dem Englischen, ist aber bei uns als Fachbegriff im Bereich der Foto- und Videobearbeitung eingedeutscht worden. Es bedeutet im Bezug auf Daten soviel wie „berechnen und ausgeben". Das heißt: Wenn man am Computer ein Video bearbeitet, dann liegt es in einer Art Zeitstrahl mit mehreren Ebenen vor. Man hat die Originalaufnahme, eine Tonspur für die Hintergrundmusik, eingefügte Texte, Effekte, Übergänge etc., die parallel zueinander laufen. Abschließend wird das Video gerendert, also fertiggestellt, indem alle diese Ebenen vom Bearbeitungsprogramm zu einer einzigen ► Datei zusammengeführt werden.

Repeater der, [ripihter]. Von (engl.) repeat = wiederholen. Ein Repeater ist ein **Signalverstärker**. Er wird dazu verwendet, um innerhalb eines ► WLAN-Netzes das Signal des ► Routers zu verstärken und dadurch seine Reichweite zu erhöhen (siehe auch ► Mesh-WLAN).

restore ► Backup

Retina ► Bildschirmtechnologie

Ribbon das, [ribbn]. (Engl.) ribbon = das Band. Die Firma ► Microsoft hat für die Version 2007 ihrer Bürosoftware ► Office das Bedienkonzept überarbeitet und ein breites, an antiken Schriftrollen orientiertes Menüband eingeführt (siehe auch den Lexikoneintrag ► Menü). Dieses Menüband am oberen Rand des Programmfensters bezeichnet Microsoft seither als Ribbon. Es besteht aus vielen verschiedenen anklickbaren Bedien- und Steuerelementen. Diese sind u.a. in Kategorien und Gruppen unterteilt.

RJ45 ► LAN

Roaming
das, [rouming]. (Engl.) roam = wandern, streunen, umherstreifen. Der Begriff Roaming wird im Mobilfunkbereich verwendet. Er bezeichnet die Möglichkeit, dass ein ► Smartphone im Ausland ganz selbstverständlich die dortigen Mobilfunknetze nutzt, damit man das Gerät genauso wie im Heimatnetz verwenden kann. Im Smartphone-Zeitalter begegnet man dabei auch dem Begriff **Datenroaming**. Während Roaming für Telefongespräche im Ausland steht, bezeichnet Datenroaming die dortige Nutzung des ► mobilen Internets. Die Tarife für Roaming und Datenroaming sind im EU-Raum genau geregelt und mittlerweile sehr günstig. Für das Roaming außerhalb des EU-Raums können allerdings hohe Kosten anfallen. Um dies zu verhindern, sollte man die Roaming-Dienste in den Smartphone-Einstellungen deaktivieren und z.B. kostenlose ► Hotspots nutzen.

Rohling
der. Eine leere, vom Nutzer selbst mit Daten beschreibbare ► CD, ► DVD oder ► Blu-ray.

Rollout
das oder der, [rohl-aut]. (Engl.) rollout = ausrollen, herausrollen. Der Begriff steht im Englischen für die Markteinführung, den Auslieferungsbeginn eines Produkts, also quasi den Zeitpunkt, zu dem es aus der Fabrik herausrollt. Im Zusammenhang mit neuer ► Software wird der Begriff mittlerweile auch im Deutschen verwendet. Nicht nachvollziehbar ist, wer sich bemüßigt gefühlt hat, den Begriff **Ausrollung** als deutsche Entsprechung zu kreieren. Auch wenn man immer wieder darauf stößt, ist es eine Tatsache, dass die Ausrollung im deutschen Wortschatz gar nicht existiert. Das Zeitwort ausrollen wiederum bezieht sich auf Teige oder Teppiche, die man ausrollt, oder auch auf ausrollende Fahrzeuge. Software wird eigentlich nicht ausgerollt.

ROM
► CD, ► DVD, ► Blu-ray

Root
der, [ruht]. (Engl.) root bedeutet eigentlich Wurzel. Im ► Betriebssystem Linux trägt jenes ► Benutzerkonto, das den vollen, in die Tiefe gehenden Zugriff auf alle Systemeinstellungen hat, standardmäßig den Namen Root. Von dort wurde Root bzw. die Bezeichnung für den damit in Zusammenhang stehenden Vorgang, das sogenannte **Rooten** [ruhten],

übernommen. Gemeint ist, dass man sich durch Manipulation der ► Software Zugang zu den tiefergehenden Systemeinstellungen eines Gerätes verschafft, was vom Hersteller an sich nicht vorgesehen ist. Deshalb verliert man in der Regel auch die Herstellergarantie. Gerne praktiziert wird das Rooten bei ► Smartphones, um erweiterte Funktionen freizuschalten oder um ► Apps installieren zu können, die nicht aus dem offiziellen ► App-Store stammen. Das Benutzerkonto mit den erweiterten Rechten wird auch als **Superuser** [ßuhper-juhser] bezeichnet, also als Benutzer, der über allen anderen steht.

Rooten das, ► Root

Route der, [ruhter]. Vom (engl.) Zeitwort route [ruht] = leiten, lotsen. Ein Router ist ein Gerät, welches grundsätzlich zwei ► Netzwerke miteinander verbindet, z.B. Ihr Heimnetzwerk mit dem ► Internet. Er ist die ► Schnittstelle nach außen und stellt sicher, dass die Anfragen aus dem Heimnetzwerk an die Empfänger kommen. Gleichzeitig ist er auch der Vermittler und sorgt dafür, dass die eintreffenden Datenpakete zum vorgesehenen Zielgerät im Heimnetzwerk weitergeleitet werden. (Siehe auch die Lexikoneinträge ► LAN und ► WLAN sowie ► Access Point.) Üblicherweise verfügen Router für den Heimgebrauch über Schnittstellen, über die man verschiedene Geräte wie Computer, ► Smartphone, Drucker oder ► Smart-TV miteinander verbinden kann. So können diese im Heimnetzwerk miteinander kommunizieren. Bei den sogenannten **mobilen Routern** handelt es sich um solche, mit denen man rasch und ohne Festnetzanschluss ein Netzwerk einrichten kann und die ortsunabhängig verwendet werden können. Mehrere Mobilfunkanbieter haben solche Router im Programm. Man bestückt sie mit einer ► SIM-Karte, danach steht sofort der Internetzugang zur Verfügung. Im Handel findet man weiters sehr kompakte Ausführungen, die man besonders leicht mitnehmen und unterwegs als ► Hotspot für den mobilen Internetzugang verwenden kann.

Runtime Environment ► Laufzeitumgebung

Ryzen ► AMD

Safari ► Browser

Samsung Gesprochen wie geschrieben. Südkoreanisches Unternehmen. Ein Mischkonzern, dessen erfolgreichster Bereich die Elektroniksparte ist, nicht zuletzt dank der ► Smartphone-Modelle, die unter dem Namen Samsung Galaxy [gäläksi] (= Galaxie, Sternensystem) vermarktet werden.

Samsung Galaxy Watch die, ► Smartwatch

Sandbox die, [ßändbocks]. Englisch für Sandkiste. Bezieht sich im technischen Bereich auf das sogenannte Application Sandboxing [äpplikäjschen ßändbocksing]. Sie kommt auf Computern und ► Smartphones zur Anwendung, um ► Apps/Programme in einem abgeschotteten Umfeld laufen zu lassen. Was innerhalb der Sandbox passiert, hat keine Auswirkung auf das Gesamtsystem oder auf andere Apps. So bleibt auch ► Schadsoftware isoliert und kann kein Unheil anrichten. Auf Smartphones sowie auf ► Apple-Computern kommt Sandboxing automatisch für ausgewählte Apps zum Einsatz.

SATA ► Festplatte

Scam der, [ßkäm]. Das englische Wort für Betrug, Betrugsmasche. Oft im Zusammenhang mit der ► Internetkriminalität verwendet. Die ausführende Person, der Betrüger, ist der **Scammer** [ßkämmer].

Scammer der, ► Scam

Scamming das, ► Internetkriminalität

scannen ► Scanner

Scanner der, [ßkänner]. Von (engl.) scan = absuchen, abtasten. Ein Scanner ist ein Gerät, mit dem man gedruckten Text und Papierbilder digitalisieren, also für den Computer lesbar und darauf darstellbar machen kann.

Scareware die, ► Schadsoftware

Schadsoftware die. Überbegriff für verschiedene Arten von bösartiger ► Software. Bösartige Software = malicious software [ma<u>lisch</u>es <u>ßoft</u>-uäa] ist die englische Bezeichnung dafür. In der Kurzform **Malware** [<u>mall</u>-uäa] wird sie auch bei uns als alternative Bezeichnung für Schadsoftware verwendet. Der bekannteste Begriff ist sicher **Computervirus**, wobei man zum Krankheitserreger eher (und korrekterweise) „das" Virus sagt, während sich im Computerbereich die männliche Form „der" Virus durchgesetzt hat. Das lateinische Wort virus bedeutet Gift. Eigentlich ist der Begriff **Virus** jenem der Schadsoftware untergeordnet, so genau wird aber in der Alltagssprache nicht unterschieden. Viren sind jedenfalls in böswilliger Absicht geschriebene Programme, die sich auf Computern und in ► Netzwerken einnisten und zum Teil auch selbstständig weiterverbreiten. Ihre negativen Auswirkungen reichen von unsinnigen Textmeldungen über das Löschen sämtlicher Daten bis hin zur Übernahme der Kontrolle über den Computer, um dann z.B. selbsttätig ► Spam-Mails zu versenden. Viren können per ► E-Mail, aus dem ► Internet oder über Datenträger (► Speichermedium) übertragen werden. Spezielle Arten von Viren sind Trojaner und Würmer. Ein **Trojaner** tarnt sich oft als scheinbar nützliches Programm, in dem jedoch ein Virus steckt. Ein **Wurm** benötigt kein Programm, an das er sich anhängt. Er wird aktiv, indem man z.B. einen E-Mail-Anhang anklickt, mitunter aber auch von alleine, und erzeugt Kopien von sich selbst, um in weitere Systeme einzudringen. Den Betroffenen ist es letztlich allerdings egal, um welche Art es sich genau handelt. Unangenehme Folgen bringen sie alle mit sich. Man kann Schadsoftware auch nach dem von ihrem Urheber beabsichtigten Zweck unterscheiden. Bei **Spyware** [ß<u>paj</u>-uäa] etwa handelt es sich um Spionagesoftware, von (engl.) spy = Spion, spionieren. Sie verfolgt die Aktivitäten am Computer mit. Oft handelt es sich bei der Spyware um einen **Keylogger** [<u>kih</u>logga], wörtlich: Tasten-Protokollierer. Das heißt, er zeichnet sämtliche Eingaben auf, die man auf der Tastatur (und mit der Maus) macht, inklusive ► Passwörter und Kreditkartendaten. Bei Kriminellen (► Internetkriminalität) beliebt ist auch **Ransomware** [<u>rän</u>som-uäa], von (engl.) ransom = Lösegeld. Bei uns ist Ransomware auch als **Erpressungs-**, **Krypto-** oder **Verschlüsselungstrojaner** bekannt. Die Funktionsweise: Die ► Festplatte des Computers wird gesperrt, möchte der Besitzer wieder Zugriff auf seine Daten erlangen, muss er Geld überweisen. Es gibt allerdings keine Garantie dafür, dass die Erpresser Wort halten. Die mildere Form von Erpressungssoftware ist **Scareware** [ßkähr-uäa], von (engl.) scare = einschüchtern, erschrecken. Hier erscheinen plötzlich in einem Bildschirmfenster Warnmeldungen zu einem angeblichen Virenbefall oder gefälschte Mahnschreiben von Behörden. Zugleich werden Strafzahlungen eingefordert bzw. Zahlungen für in Aussicht gestellte technische Unterstützung. Ein ► Virenschutz sollte jedenfalls selbstverständlich sein. Eine wichtige Vorsorgemaßnahme ist aber auch ein regelmäßiges ► Backup.

Schaltfläche die, ► Button

Schattenprofil das, ► Nutzerprofil (Definition 2)

Schlüssel der, ► Verschlüsselung

Schnittstelle die. Die deutsche Entsprechung des englischen Begriffs **Interface** [interfäjß]. Eine Schnittstelle kann technisch sehr unterschiedlich ausgeführt sein, ist aber immer Übergang und Bindeglied zwischen zwei verschiedenen Systemen bzw. zwischen Mensch und Maschine, damit diese miteinander kommunizieren können. Eine **Softwareschnittstelle** (► Software) braucht man, damit der Datenaustausch zwischen zwei Programmen oder zwischen einem Programm und dem ► Betriebssystem funktioniert. Eine **Hardwarschnittstelle** (► Hardware) braucht man, damit Geräte miteinander kommunizieren können. Auch wenn die Begriffe mitunter vertauscht werden, ist eine Schnittstelle korrekterweise die benötigte ► Software. Die im Gerätegehäuse befindliche Anschlussmöglichkeit, also die Buchse, die den passenden Stecker aufnimmt, heißt **Port** (z.B. ► USB-Port), von (engl.) port (gesprochen wie geschrieben) = Anschluss. Bei Smartphones beispielsweise spricht man aber auch von Einschub, Schacht oder ► Slot. Eine **Benutzerschnittstelle** (siehe auch grafische ► Benutzeroberfläche) braucht man, damit man ein Gerät bzw. Programm mit der Maus oder mit den Fingern bedienen kann. Auch die menschlichen Sinnesorgane erfüllen die Funktion von Schnittstellen, nämlich zwischen der Außenwelt und dem Gehirn.

Schutzpaket das, ► Virenschutz

Schwarmfinanzierung die, ► Crowdfunding

Schwarmintelligenz die. Auch kollektive Intelligenz oder Gruppenintelligenz genannt. Der Begriff existiert schon länger, hat aber in Verbindung mit dem Internet eine gewisse Popularität erlangt. Im Prinzip geht es darum, dass eine Gruppe von Menschen (oder auch Tieren) gemeinsam eine intelligente Entscheidung trifft, die unabhängig ist von der Intelligenz des einzelnen Individuums. Im Rahmen der Forschung zur ► künstlichen Intelligenz wird versucht, Schwarmintelligenz auf künstlichem Wege nachzubilden.

Screen der, ► Display

Screenshot der, [ßkrihn-schott]. Von (engl.) screen = Bildschirm und shot = Schuss im Sinne von Schnappschuss. Ein Screenshot ist ein Bildschirmfoto, das heißt, man fotografiert (auf Computer, ► Smartphone oder ► Tablet) den kompletten Bildschirm oder Teile davon ab, beispielsweise zu Dokumentationszwecken. Die Möglichkeit zur Anfertigung eines Screenshots mittels bestimmter Tastenkombinationen ist in die Geräte integriert. Gängig sind z.B. „Windows-Taste+Druck-Taste" am Computer (Screenshot befindet sich dann in der ► Zwischenablage) oder „Homebutton+Einschalttaste" (► Button) am Smartphone (Screenshot wird automatisch unter den Fotos gespeichert). Die genaue Vorgangsweise ist hersteller- und modellabhängig. Daneben gibt es eigene Programme und ► Apps, die diese Funktion bereitstellen.

Script das, ► Skript

scrollen [ßkrollen]. Abgeleitet vom englischen Wort scroll mit der Bedeutung blättern oder rollen. Scrollen bezeichnet das „Durchblättern" von umfangreicheren ► Internetseiten oder ► Dokumenten. In der Praxis blättert man nicht, sondern schiebt oder rollt (z.B. mithilfe des Mausrads) die Ansicht nach oben oder unten, um jene Teile sehen zu können, die auf dem Bildschirm keinen Platz mehr gefunden haben.

SCSI ► Festplatte

SD ► Auflösung, ► SD-Karte

SD-Karte die. Abkürzung für (engl.) Secure Digital Memory Card [ßekjua didschitäl memmori kahd] = sichere digitale Speicherkarte. Kurzform: SD-Card [ess-dih-kahd]. Bei uns verwendet wird aber vor allem die Bezeichnung SD-Karte, wobei man die beiden Buchstaben deutsch und hintereinander ausspricht. Eine SD-Karte ist ein ► Speichermedium für Daten aller Art. Einen entsprechenden Karteneinschub (► Schnittstelle) vorausgesetzt, kommt sie z.B. in Computern, ► Smartphones, Druckern und Digitalkameras zum Einsatz. Sollte kein Karteneinschub vorhanden sein, kann ein externes Lesegerät (► Card Reader) diesen ersetzen. Je nach Baugröße unterscheidet man zwischen SD-Karten, **Mini-SD-Karten** (auch: **miniSD**) und **Micro-SD-Karten** (auch: **microSD**). Alle SD-Karten zählen zu den sogenannten Flash-Speichern (► Speichermedium).

Second-Level-Domain die, ► Internetadresse

Seitenquelltext der, ► Quellcode

Selfie das, [ßelfih]. Von (engl.) self = selbst. Selfie ist ein umgangssprachlicher Ausdruck für ein Foto, das man mithilfe der Frontkamera des ► Smartphones von sich selbst schießt.

Server der, [ßöawa]. Von (engl.) server = Diener. Alternative Bezeichnung: der **Host**, von (engl.) host [houßt] = Gastgeber. Der Begriff bezieht sich sowohl auf ► Hardware als auch auf ► Software. Unter einem Server als Hardware versteht man einen leistungsstarken Computer in einem ► Netzwerk, der seine technischen Ressourcen für andere Computer in diesem Netzwerk zur Verfügung stellt. Wenn man zum Beispiel im ► Internet nach Informationen sucht, dann befinden sich diese auf dem Server/Host jenes Anbieters, der die Informationen bereithält. Ein Server als Software ist ein Programm, welches auf einem der oben beschriebenen hardwarebasierten Server läuft und in einem Netzwerk oder im Internet bestimmte Dienste oder Informationen zur Verfügung stellt. Auch in Firmennetzwerken spielen Server eine wichtige Rolle. Dort werden Daten oder Anwendungen üblicherweise nicht auf den Computern der einzelnen Mitarbeiter gespeichert, sondern zentral auf einem Server. Jeder Computer bzw. jedes Programm, mit dem man diese Daten vom Server abruft, wird auch als **Client** bezeichnet, von (engl.) client [klajent] = Kunde. Auch der ► Browser ist in diesem Sinne ein Client. Ein anderes Beispiel für einen Software-Client ist das E-Mail-Programm, mit dem Sie vom Server Ihres E-Mail-Anbieters Nachrichten abrufen (siehe auch ► E-Mail). Grundsätzlich sind Server also entweder in einem geschlossenen Firmennetzwerk oder über das Internet erreichbar. Ein Spezialfall ist der **Proxyserver** [proksi-ßöawa], von (engl.) proxy = Stellvertreter. Hier wird zwischen den Host und den Client noch ein weiterer Computer eingeschoben, um den tatsächlichen Standort des Clients zu verschleiern. Im privaten Bereich kommt ein Proxyserver selten zum Einsatz, bei Bedarf erfüllt ein zwischengeschalteter ► VPN-Dienst einen ähnlichen Zweck.

Session Cookie der oder das, ► Cookie

Settop-Box die, [ßett-topp-bocks]. Auch Set-Top-Box geschrieben. Bezeichnet externe Geräte, die man für den TV-Empfang oder das ► Streaming benötigt, sofern der Fernseher die benötigten Funktionen nicht eingebaut hat. Der Name kommt daher, dass man diese Geräte zumindest früher häufig oben (on top) auf den Fernseher gestellt (set) hat. Und (engl.) box bedeutet Schachtel, Kästchen oder Gehäuse. Settop-Box heißt also wörtlich übersetzt so viel wie „Obendraufstell-Kästchen".

Setup das, ► Installation

Shared Memory ► Grafikkarte

sharen ► teilen

Shareware die, [schäa-uäa]. Zusammengesetzt aus (engl.) share = teilen und ► Software. Shareware darf – in unverändertem Zustand – kopiert und weitergegeben werden, anders als bei ► Freeware beginnt nach dem erstmaligen Programmstart aber eine Testphase zu laufen. Meist muss man sich dann nach 30 Tagen kostenpflichtig beim Anbieter registrieren, um das Programm weiterverwenden zu können.

Shitstorm der, [schittßtohrm]. Der erste Teil des Wortes bezeichnet wörtlich Fäkalien, sinngemäß bedeutet der Begriff aber: Sturm der Entrüstung. Mitunter erregen ► Postings oder andere Wortmeldungen im ► Internet die Gemüter der Leserinnen und Leser, sodass viele von ihnen mit großem Ärger reagieren und entsprechende Kommentare abgeben. Die Flut an solchen verärgerten Kommentaren, die durch ein einzelnes Posting ausgelöst wird, bezeichnet man als Shitstorm.

Shop der, [schopp]. Englisch für Geschäft, Laden. Die alternative Bezeichnung ist der ► Store [ßtoa].

Shortcut der, [schohrtkatt]. Englisch für: Abkürzung, Tastaturkürzel. Ein Shortcut ist eine **Tastenkombination**, die man anstelle von Mausklicks zur Bedienung von Programmen bzw. des Computers verwenden kann. Oft gelangt man damit schneller zum Ziel. Häufig verwendete Shortcuts sind beispielsweise Strg+C zum Kopieren und Strg+V zum Einfügen (► Copy & Paste).

Shutdown der, ► Hochfahren

Sicherheitsupdate das, ► Update

Sicherheitszertifikat das, ► Zertifikat

Sicherung die, ► Backup

Sicherungskopie die, ► Backup

Signal [ßiggnäll]. Ein ► Instant Messenger, der zwar in den USA beheimatet ist, aber im Hinblick auf den Datenschutz als sicherere Alternative zu ► WhatsApp gilt. Er wird u.a. vom ehemaligen CIA-Mitarbeiter und Auslöser der NSA-Affäre Edward Snowden empfohlen. Signal ist obendrein ► Open Source.

Signalverstärker der, ► Repeater

Signatur die, ► E-Mail-Signatur, ► Verschlüsselung

Silicon Valley das, ► Silizium

Silizium das. Chemisches Element. Wird aus Quarzsand gewonnen und gehört zu den sogenannten Halbmetallen. Silizium ist ein elektrischer ► Halbleiter und wichtiger Baustoff für ► Prozessoren. Die englische Bezeichnung für Silizium lautet silicon [ßilikonn]. Dies führt beim Übersetzen ins Deutsche manchmal zu Missverständnissen, weil silicon mit der chemischen Verbindung Silikon verwechselt wird. Das englische Wort für Silikon lautet jedoch silicone [ßilikoun]. Das kalifornische **Silicon Valley** [ßilikonn wälli] ist folglich mit Silizium-Tal zu übersetzen. Der Name verweist auf die Tatsache, dass diese Region seit Jahrzehnten das Zentrum der US-amerikanischen Elektronikindustrie ist.

SIM-Karte die, [ßim-]. Um ein ► Smartphone, ein ► Tablet oder einen mobilen ► Router nutzen zu können, benötigen Sie eine SIM-Karte. Die Abkürzung leitet sich ab von (engl.) Subscriber Identity Module [ßabßkrajber ajdentiti modjuhl], auf Deutsch: Teilnehmeridentitätsmodul. Das bedeutet, dass auf der SIM-Karte alle Informationen zu Ihrem Mobilfunkvertrag inklusive Telefonnummer gespeichert sind. Diese Informationen sind somit völlig unabhängig vom verwendeten Smartphone. Um im Falle eines Diebstahls Missbrauch zu verhindern, sollten Sie Ihre SIM-Karte mittels Geheimzahl (► PIN-Code) schützen. Eine Einschränkung bei der geräteunabhängigen Nutzung gibt es, nämlich die unterschiedlichen Größen von SIM-Karten. Diesbezüglich müssen Karte und Gerät zusammenpassen. Die früher üblichen **Mini-SIM-Karten** sind fast verschwunden, die kleineren **Micro-** und **Nano-SIM-Karten** weithin üblich. Neu sind in einigen Smartphones die sogenannten **eSIM-Karten**. Das „e" steht für (engl.) embedded [embedded] = eingebettet. Die eSIM-Karten sind fest eingebaut, in Zukunft wird man nicht mehr die SIM-Karte übersiedeln, sondern den persönlichen Mobilfunkvertrag von einer eSIM auf die nächste übertragen. Eine Handvoll Mobilfunkanbieter unterstützt die eSIM bereits. Weit verbreitet sind heute sogenannte **Dual-SIM**-Smartphones, von (engl.) dual [djuäl] = doppelt, zweifach. In diesen Geräten kann man zwei SIM-Karten mit unterschiedlichen Telefonnummern betreiben, also z.B. eine private und eine geschäftliche. Achtung! Bei vielen Geräten ist dies so gelöst, dass man wahlweise eine zweite SIM-Karte oder eine ► SD-Karte einlegen und somit nicht zwei SIM-Karten plus eine SD-Karte parallel nutzen kann. Außerdem gibt es die Dual-SIM-Lösung SIM-Karte plus eSIM (mit und ohne zusätzlichen SD-Kartenschacht).

SIM-lock
der [ßim-lock]. Von (engl.) lock = Schloss, Riegel bzw. im Computerbereich eine technische Zugriffssperre. Smartphones mit SIM-lock akzeptieren nur ► SIM-Karten eines bestimmten Mobilfunkanbieters und können somit ausschließlich dessen Mobilfunknetz nutzen. Ein SIM-lock ist bei jenen Handys üblich, die man (vergünstigt) im Rahmen eines Vertragstarifs beim eigenen Mobilfunkanbieter erwirbt. Kündigt man den Vertrag und möchte den Mobilfunkanbieter wechseln, dann muss man das Handy kostenpflichtig entsperren lassen, also den SIM-lock entfernen lassen.

Simplex
► Duplex

Single Layer
► DVD, ► Blu-ray

Siri
► Sprachassistent

Site
die, ► Internetseite

skalieren
Der Begriff wird in unterschiedlichen Bereichen verwendet. In der Computertechnik bedeutet skalieren, dass man ein Foto, eine Grafik, aber auch eine Computerschrift vergrößert. Die Proportionen bleiben dabei erhalten, es kommt zu keinen Verzerrungen. Auch im Fernsehbereich wird skaliert, etwa wenn ein alter Spielfilm mit geringer ► Auflösung technisch so verändert wird (► Interpolation), dass das Bild auch auf einem modernen TV-Gerät noch ansehnlich dargestellt wird. Der englische Begriff dafür ist das **Upscaling** [appßkäjling], auf Deutsch: die **Hochskalierung**.

Skript
das, [ßkript]. Auch Script geschrieben. Ein Script ist eine Befehlsfolge, die in einer bestimmten ► Programmiersprache abgefasst wurde. Eine der bekanntesten ist **JavaScript** [dschawa-ßkript]. Skripte sagen dem ► Browser, welche Bestandteile einer ► Internetseite er in welcher Reihenfolge laden soll.

Skype ► Chat, ► Instant Messenger

skypen ► Instant Messenger

SL ► DVD, ► Blu-ray

Slash der, [ßläsch]. Das englische Wort für den Schrägstrich /, das über die Computersprache auch im Deutschen Einzug gehalten hat. Ebenso begegnet man dort (etwa beim ► Pfad) dem **Backslash** [bäckßläsch], von (engl.) back = zurück. Der Backslash entspricht unserem Rückstrich, Gegenschrägstrich, linksseitigen Schrägstrich \.

Slideshow die, [ßlajdschou]. Das englische Wort für Diashow, Diavorführung. Es wurde unverändert ins Computerzeitalter übersiedelt, bezeichnet jetzt aber eine mit der entsprechenden ► Software vorbereitete, oft automatisch ablaufende Abfolge von Digitalfotos. Eine Slideshow kann auch mit Musik unterlegt sein.

Slot der, [ßlott]. 1.) Das englische Wort für Schlitz, Einschub, Schacht, z.B. für eine ► SIM-Karte oder eine ► SD-Karte (siehe auch ► Schnittstelle). 2.) Kurzform für (engl.) time slot [tajm-ßlott] = Zeitfenster.

smart [ßmaht]. (Engl.) klug, intelligent.

Smart Home das, [ßmaht houm]. Deutsch: Intelligentes Heim. Bezeichnet ein Haus (bzw. eine Wohnung) in dem Alltagsvorgänge automatisiert ablaufen bzw. Einstellungen per Computer oder ► Smartphone schnell und unabhängig vom Aufenthaltsort vorgenommen werden können. Eine Vielzahl von Geräten kann damit (meist über das ► Internet) zentral gesteuert werden, von der Waschmaschine und Mikrowelle über die Beleuchtung, die Heizung, die Jalousien und die Musikanlage bis hin zur Gartenbewässerung und Alarmanlage. Im Zusammenhang mit den verschiedenen (Haushalts-)Geräten, die in einem Smart Home miteinander verbunden (= vernetzt) werden können, spricht man auch vom **Internet der Dinge** oder (engl.) **Internet of Things** [internett of θings], kurz: **IoT** [ai-ou-tih].

Smartphone

das, [ßmahtfoun]. Zusammengesetzt aus (engl.) smart (= klug, intelligent) und (engl.) telephone. Ein Smartphone ist folglich ein intelligentes Telefon, wobei man über den Begriff Intelligenz streiten kann. Tatsächlich handelt es sich um ein Mobiltelefon mit erweiterten Funktionen, wie man sie vom Computer kennt, also z.B. Nutzung von ► Internet, ► E-Mails, Fotos, Musik, Videos. Weitere Funktionen erhält man durch das Installieren von ► Apps.

Smart Speaker

der, [ßmaht ßpihka]. Der Begriff wird im Deutschen ebenso verwendet wie die wörtliche Übersetzung **Intelligenter Lautsprecher**. Es handelt sich um kompakte Lautsprecher, die über ► WLAN mit dem ► Internet verbunden sind und in die ein ► Sprachassistent verbaut ist. Dadurch können sie über Sprachbefehle gesteuert werden, etwa um eine bestimmte Musikrichtung oder einen Radiosender auszuwählen, um aktuelle Nachrichten oder den Wetterbericht abzurufen oder um im Internet nach einer Begriffserklärung zu suchen. Smart Speaker können außerdem zur Steuerung von anderen Geräten in einem ► Smart Home eingesetzt werden.

Smart-TV

das, [ßmaht ti-wih]. Zusammengesetzt aus (engl.) smart (= klug, intelligent) und der Kurzform von (engl.) television [telewischn – mit stimmhaft gsprochenem „sch"]. TV bezeichnet eigentlich das Medium Fernsehen, gemeint ist hier aber das Fernsehgerät. Ein Smart-TV ist ein Fernseher mit computerähnlichen Zusatzfunktionen. Wesentlich ist die Verbindung zum ► Internet. Dadurch kann man mit dem Fernseher im Internet ► surfen und man kann z.B. Filme und Serien unabhängig von Datum und Uhrzeit anschauen (► Streaming). Zu diesem Zweck sind auf dem Fernseher ► Apps installiert, vergleichbar mit den Apps auf einem ► Smartphone. Ähnlich wie Computer und Smartphones haben Smart-TVs in der Regel ein ► Betriebssystem. Dabei kann es sich um eine Eigenentwicklung des Herstellers handeln oder z.B. auch um ► Android.

Smartwatch

die, [ßmahtwotsch]. Mehrzahl: Smartwatches [ßmahtwotsches]. Nach dem Vorbild des ► Smartphones wurde die „intelligente Armbanduhr" Smartwatch getauft. Die Anzeige der Uhrzeit ist Nebensache. Einerseits ist die Smartwatch eine Kommunikations- und Multimediazentrale, die

– je nach Modell – das Smartphone ergänzt bzw. dieses teilweise sogar ersetzen kann. Die Bandbreite reicht vom Empfang und Versand von E-Mails bzw. Textnachrichten über das Abspielen von Musik bis hin zum kontaktlosen Bezahlen und zum Telefonieren. Andererseits fungieren Smartwatches auch als Fitness-Tracker (► Tracking, Definition 2), zum Aufzeichnen sportlicher Aktivitäten. Bekannte Smartwatch-Modelle sind z.B. die Apple Watch [äppl-wotsch] von ► Apple und die Galaxy Watch [gäläksi-wotsch] von ► Samsung.

Smiley das oder der, ► Emoticon

SMS die oder das. Deutsch und in Einzelbuchstaben ausgesprochen. Eine SMS ist eine Kurznachricht, die über das Mobilfunknetz (und nicht über das ► Internet) versendet wird. Die Abkürzung kommt von (engl.) Short Messaging Service [schohrt messädsching ßöawiss] = Kurznachrichtendienst, steht also sowohl für die Nachricht selbst als auch für den dahinterstehenden Dienst. Die SMS, bei der es sich um eine reine Textnachricht (mit beschränkter Zeichenanzahl pro Einzelnachricht) handelt, hat mit dem Aufkommen der ► Instant Messenger (WhatsApp und Co) massiv an Bedeutung verloren.

SMTP Deutsch und in Einzelbuchstaben gesprochen. Abkürzung von Simple Mail Transfer Protocol = einfaches E-Mail-Übertragungsprotokoll; man wird aber höchstens mit der Abkürzung konfrontiert und zwar vor allem bei der erstmaligen Einrichtung eines E-Mail-Kontos (► E-Mail). Ein ► Protokoll ist ein Regelwerk für die Kommunikation zwischen verschiedenen Geräten im ► Internet. In diesem Fall ist es für den korrekten Datenversand beim E-Mailverkehr zuständig.

Snapchat ► Soziale Medien

Social Bot der, ► Bot

Social Media die, ► Soziale Medien

SO-DIMM ► Arbeitsspeicher

Software die [ßoft-uäa] bzw. ans Deutsche angenähert [softwäa]. Überbegriff für alle Arten von ► Apps, Anwendungsrogrammen (► Anwendung), aber auch ► Betriebssystemen für elektronische Geräte.

Software-Konfiguration die, ► Installation

Softwareschnittstelle die, ► Schnittstelle

Solid State Drive der, ► Festplatte

Soundkarte die, [ßaund-]. Von (engl.) sound = Ton. Die Soundkarte ist jener Bauteil von Computern und anderen elektronischen Geräten, der die eingehenden und ausgehenden Tonsignale verarbeitet. Ohne Soundkarte wären die Geräte stumm. Die Soundkarte ist mit den notwendigen Anschlüssen ausgestattet, um z.B. ein Mikrofon, Kopfhörer oder Lautsprecher mit dem Gerät verbinden zu können. Neben den eingebauten Varianten gibt es auch externe Soundkarten zum Nachrüsten.

Source Code der, ► Quellcode

Soziale Medien Die Gesamtheit der Möglichkeiten, mit denen zwei oder mehrere Nutzer über das Internet kommunizieren können sowie Inhalte (► Content) untereinander austauschen können. Der Begriff dient auch als Abgrenzung zu den traditionellen Massenmedien wie Zeitungen, TV und Radio, in denen die Informationen hauptsächlich in eine Richtung fließen, also vom Sender zum Empfänger, ohne dass diese die Rollen tauschen können. Der deutsche Begriff ist die wörtliche Übersetzung von (engl.) **Social Media** [ßouschl mihdja], was häufig zu Missverständnissen führt. Mit sozial in unserem Verständnis, also mit Gemeinwohl, friedlichem Miteinander und Schutz von Schwächeren, haben die Sozialen Medien wenig zu tun. Sie versprechen es auch gar nicht, denn „social" heißt „gesellschaftlich", meint also die Gesellschaft an sich. Damit im Zusammenhang steht auch das englische Zeitwort socialise [ßouschälajs] = „Kontakte knüpfen". Die Welt der Sozialen Medien ist vielfältig. Zu ihnen zählen

► Blogs ebenso wie ► Instant Messenger oder **Soziale Netzwerke**. Letztere werden wohl am häufigsten mit dem Begriff Soziale Medien in Verbindung gebracht. Wobei der weltweite Markt seit einigen Jahren von einem einzigen US-amerikanischen Konzern beherrscht wird, nämlich **Facebook** [fäjßbuck], wörtlich: Gesichtsbuch. Es heißt Soziales Netzwerk, weil man sich übers ► Internet mit Menschen aus aller Welt vernetzen kann. Diese werden grundsätzlich als „Freunde" bezeichnet, unabhängig davon, ob man mit ihnen tatsächlich auch in der realen Welt befreundet ist. Mit ihnen kann man schriftliche Informationen austauschen (► Posting), man kann Fotos und Videos mit ihnen ► teilen und ihre privaten oder beruflichen Aktivitäten mitverfolgen. Zum Facebook-Konzern gehören weiters die Messenger-Dienste Facebook Messenger [fäjßbuck messendscher] und **WhatsApp** (Anmerkung: Auch wenn sich bei uns die Aussprache [wots-äpp] durchgesetzt hat, ist eigentlich [wots-app] richtiger, weil der Name nicht vom Begriff ► App, sondern von der Floskel „What's up?" hergeleitet ist = „Was tut sich?", die im Englischen im Sinne eines saloppen Willkommensgrußes verwendet wird). Zum Facebook-Konzern gehört schließlich auch **Instagram** [inßtagram] oder [inßtagräm]. Kurz: Insta. Das ist ein vorwiegend auf dem ► Smartphone genutzter Dienst, über den in erster Linie selbst geschossene Fotos und Videos veröffentlicht werden. Der Name setzt sich aus (engl.) instant [inßtänt] = sofort und telegram [telegräm] = Telegramm zusammen. Anders als bei Facebook tritt der Textanteil bei Instagram sehr stark in den Hintergrund. Eines der seriöseren Sozialen Medien ist **Twitter** (gesprochen wie geschrieben). Vor allem in seinem Herkunftsland USA sind viele Politiker, Journalisten, aber auch Stars der Musik- und Filmbranche dort vertreten, was zur Popularität des Dienstes beiträgt. Es ist keine Seltenheit, dass sich Nachrichten über aktuelle Ereignisse in Wort und Bild zuerst über Twitter verbreiten. Die auf eine relativ geringe Zeichenanzahl beschränkten Textnachrichten heißen dort Tweet [twiht]. Sowohl twitter als auch tweet bedeutet im Englischen zwitschern bzw. Vogelgezwitscher. Nicht seriös, sondern von Grund auf verspielt ist hingegen das vorwiegend von der Jugend genutzte Soziale Medium **Snapchat** [ßnäpptschätt]. Snapchat wird einerseits wie ein ► Instant Messenger zum schnellen Austausch von Textnachrichten verwendet, andererseits liegt ein Schwerpunkt auf Fotos und Videos aus dem eigenen Leben, vergleichbar mit Instagram, aber eben deutlich verspielter. Es gibt zahlreiche integrierte Bearbeitungsmöglichkeiten. Eine Besonderheit von Snapchat ist auch, dass die verschickten Bilder von den Empfängern nicht auf Dauer abrufbar sind, sondern es sich sozusagen um flüchtige Momentaufnahmen handelt.

Soziales Netzwerk

das, ► Soziale Medien

Spam

der, [ßpäm]. Bezeichnung für massenhaft verschickte, von den Empfängern nicht erwünschte (Werbe-)E-Mails (► E-Mail). Ein alternativer Begriff dafür ist **Junk** [dschank], was auf englisch Schrott oder Gerümpel bedeutet. Das Wort Spam selbst ist zusammengezogen aus Spiced Ham [ßpajßd häm]. Wörtlich übersetzt würde es „gewürzter Schinken" bedeuten, steht aber für Frühstücksfleisch in der Dose. Seinen Weg in den Computerbereich fand Spam über einen Sketch der britischen Komikertruppe Monty Python. Darin wurde die Bezeichnung Spam mehr als 100 Mal verwendet. Schon die Pioniere des ► Internets griffen in den 1980ern darauf zurück, als Kollegen sie mit persönlichen Kommentaren überschwemmten. Im Laufe der 1990er Jahre kamen die ersten Spam-Mails auf und die Bezeichnung wurde übernommen. Heute sind 30 bis bis 40 Prozent aller E-Mails als Spam einzustufen. Es gibt darunter die Betrugsmaschen, wo versucht wird, direkt an Geld zu kommen, möglichst viele persönlichen Daten in Erfahrung zu bringen oder auch den Computer zu übernehmen (► Internetkriminalität). Andererseits werden reale (wenn auch möglicherweise gefälschte) Produkte angeboten, die durchaus ihre Abnehmer finden. So oder so handelt es sich um organisierte Kriminalität, an der Computerspezialisten maßgeblich beteiligt sind. Sie infizieren weltweit Computer mit Viren, um die Kontrolle über sie zu erlangen und fassen sie zu sogenannten Botnetzen (► Bot) zusammen. So sind sie selbst kaum lokalisierbar und es braucht auch auf der anderen Seite Spezialisten, um ihnen auf die Spur zu kommen (in Österreich ist das beim Bundeskriminalamt angesiedelte Cybercrime Competence Center – C4 zuständig). Wer heutzutage mit dem Internet in Berührung kommt, kann kaum verhindern, eines Tages von Spambots, also Robotern, die im Dienste der Spammer das Netz durchforsten, entdeckt zu werden. Und selbst wenn man selber vorsichtig ist und seine E-Mail-Adresse möglichst nicht öffentlich bekanntgibt – oder für Anmeldungen zu ► Newslettern und Onlinediensten (► online) eine Zweitadresse verwendet, die möglichst keine Rückschlüsse auf den realen Namen zulässt –, dann tun es vielleicht Bekannte oder der Tennisclub oder es werden Datenbanken mit Kundendaten gehackt (► Hacker) oder die Daten virenbefallener Computer und ► Smartphones abgesaugt (► Schadsoftware) etc. Vermeiden sollte man, auf eine Spam-E-Mail zu antworten, denn damit bestätigt man, dass die eigene Adresse aktiv ist. Sogenannte **Spamfilter**, die unerwünschte Nachrichten anhand bestimmter Kriterien oder Stichwörter automatisch aussortieren, schaffen eine gewisse Abhilfe. Sie sind in die gängigen E-Mail-Programme integriert.

Spambot der, ► Bot

Speaker der, [ßpihka]. Englisch für: Sprecher bzw. im technischen Bereich: Lautsprecher (Lexikonbeiträge zum Thema Lautsprecher finden Sie unter ► Aktivbox sowie unter ► Smart Speaker).

Speicherkarte die, ► SD-Karte

Speichermedium das. Als Speichermedien bezeichnet man unterschiedliche Arten von Datenspeichern. Üblich ist auch der alternative Begriff **Datenträger**. Sie unterscheiden sich nicht nur hinsichtlich ihrer Bauform, sondern auch hinsichtlich der verwendeten Speichertechnologie. Die derzeit gängigsten sind: a) **Magnetische Speichermedien** wie z.B. die althergebrachte ► Festplatte (HDD), egal ob eingebaut oder extern. Hier gibt es einen elektronisch gesteuerten Schreib- und Lesekopf, der Magnetteilchen auf der Platte unterschiedlich ausrichtet, wodurch die Informationen abgespeichert werden. Führt man einen starken Magneten am Lesekopf der Festplatte vorbei, dann werden die Magnetteilchen neu ausgerichtet und die Daten dadurch gelöscht. b) **Optische Speichermedien** wie ► CD, ► DVD und ► Blu-ray [blu-räj]. Diese Datenträger werden mittels Laser [läjsa] gebrannt (= beschrieben) bzw. abgetastet (= gelesen), also mithilfe eines sehr intensiven Lichtstrahls. Die zu speichernden Daten werden in die metallbedampfte Kunststoffscheibe eingebrannt. c) **Flash-Speicher** wie USB-Stick (► USB) und ► SD-Karte. Von (engl.)

flash [fläsch] = Blitz. Ein Flash-Speicher ist ein kompakter Speicherbaustein, der im Gegensatz zur magnetischen Festplatte ohne bewegliche Teile auskommt. Die Speicherung erfolgt mittels elektrischer Ladungen, die auch ohne Stromversorgung über Jahre hinweg erhalten bleiben. d) Die SSD als moderne Nachfolgerin der zuvor genannten magnetischen Festplatte. Sie ist eine aktuelle Weiterentwicklung des Flash-Speichers. Mehr zur SSD sowie zu deren Unterschieden zur HDD finden Sie beim Lexikoneintrag ► Festplatte.

Spoofing

[ßpuhfing]. Von (engl.) spoof = täuschen, hereinlegen. Spoofing ist eine Form der ► Internetkriminalität oder konkreter gesagt die Voraussetzung für bestimmte kriminelle Machenschaften. Es geht darum, dass sich jemand Unbefugter als eine andere Person oder Institution ausgibt, der das potenzielle Opfer vertraut. So kann es beispielsweise gelingen, in ► Netzwerke von Firmen einzudringen. Aber auch gefälschte Absenderadressen in ► E-Mails fallen unter den Begriff Spoofing.

Spotify

[ßpottifaj]. Ein schwedischer Musikstreaming-Anbieter (► Streaming).

Sprachassistent

der. Auch: die Sprachassistentin. „Intelligente" ► Software, die in der Lage ist, gesprochene Befehle zu „verstehen" und in Aktionen umzusetzen. Man spricht auch von **Sprachsteuerung**. Die großen Technologie-Konzerne arbeiten schon lange an ihren konkurrierenden Sprachassistenten, denen sie Namen gegeben haben und auch die Fähigkeit zu sprechen. Das heißt, die Assistenten können bei Bedarf mit männlichen oder weiblichen Stimmen antworten. Die bekanntesten davon sind Alexa [alekßa] von ► Amazon, der Google Assistant [guhgl ä-ßistänt] von ► Google, Cortana [kortana] von ► Microsoft, Siri [siri] von ► Apple und Bixby [biksbi] von ► Samsung. Sprachassistenten (allen voran Alexa und Google Assistant) sind heutzutage nicht nur in ► Smartphones und intelligenten Lautsprechern (► Smart Speaker) verbaut, sondern in ► Smart-TVs ebenso wie in unterschiedlichsten Haushaltsgeräten.

Sprachsteuerung

die, ► Sprachassistent

Spyware

die, ► Schadsoftware

SSD ► Festplatte

SSID der, ► WLAN

SSL ► Verschlüsselung

Stand-PC der, ► PC

Startbildschirm, der, ► Homescreen

Start-Button der, ► Button

Startpage ► Suchmaschine

Startup das, [ßtart-app]. Auch: Startup-Unternehmen. Von (engl.) start up = etwas starten, aufziehen, in Gang setzen. Ein Startup ist ein junges Unternehmen mit einer innovativen Geschäftsidee, das sich in der Aufbauphase befindet. Die Bezeichnung ist nicht auf einen bestimmten Wirtschaftssektor beschränkt, im Internetbereich sind Startups aber häufig zu finden.

Stockfoto das, [ßtockfoto]. Im Englischen bedeutet das Wort stock Vorrat, Lagerbestand. Das Prinzip der **Stockfotografie** ist es, einen großen Vorrat an Fotos zu unterschiedlichen Themen zu produzieren. Diese werden dann über Internetplattformen wie z.B. Shutterstock [schatterßtock] angeboten. Medien greifen heutzutage häufig auf Stockfotos zurück, weil diese schnell verfügbar und preisgünstiger sind als bei gezielter Beauftragung eines Fotografen.

Stockfotografie die, ► Stockfoto

Store der, [ßtoa]. Englisch für Geschäft, Laden. Die alternative Bezeichnung ist der ► Shop [schopp].

Story die, [ßtorri]. In der Mehrzahl wird meist die englische Schreibweise Stories [ßtorrihs] verwendet. Im Journalismus oder im Film wird der englische

Begriff Story für eine Geschichte, die erzählt wird, schon länger verwendet. In den ► Sozialen Medien wie Facebook oder Instagram taucht der Begriff nun ebenfalls auf. Es handelt sich sozusagen um Fotogeschichten. Man könnte es auch als flüchtiges Fototagebuch bezeichnen. Die Nutzer veröffentlichen in einem Bereich abseits der klassischen ► Postings Fotos aus ihrem Alltag, die für andere Nutzer nur für einen begrenzten Zeitraum sichtbar sind.

streamen

► Streaming

Streaming

das, [ßtrihming]. Das englische Wort stream bedeutet Strom, Fluss. Es steht mittlerweile aber auch für den aus dem ► Internet zu den Geräten der Nutzer fließenden Datenstrom. Die Möglichkeit, Musik und Filme auf diese Weise zu konsumieren, wird als Streaming bezeichnet (wörtlich: Strömung). Der Vorteil ist, dass auf den Geräten dafür kein Speicherplatz benötigt wird, sondern lediglich eine aufrechte Internetverbindung und ein (kostenpflichtiges) Benutzerkonto beim **Streaminganbieter** (Netflix, Amazon Prime, Disney+, Spotify, um nur die größten zu nennen). Abrufen kann man das Angebot jederzeit am Computer über den ► Browser bzw. auf ► Smartphone, ► Tablet und ► Smart-TV über die entsprechende ► App. Bei vielen Anbietern hat man mittlerweile die Option, Filme oder Musik vorab herunterzuladen, um sie zu einem späteren Zeitpunkt ohne Internetverbindung (► offline) konsumieren zu können. Sollte das TV-Gerät nicht internetfähig sein oder die benötigte App nicht dafür verfügbar sein, kann man einen externen **Streaming-Stick** anschließen, auch als **Streaming-Box** oder **Streaming-Cube** bezeichnet, was sich aber lediglich auf die äußere Form bezieht (stabförmig, schachtelförmig, würfelförmig). Der **Fire-TV-Stick** von ► Amazon und **Apple TV** von ► Apple sind Beispiele für solche Streaming-Geräte. Diese werden mit dem Internet verbunden und auf ihnen lassen sich unabhängig vom TV-Gerät und unabhängig vom Hersteller unterschiedlichste Streaming-Apps ► installieren. Bitte beachten Sie auch die Lexikoneinträge ► Livestream und ► Video on Demand.

Streaming-anbieter

der, ► Streaming

Streaming-Box die, ► Streaming

Streaming-Cube der, ► Streaming

Streaming-Stick der, ► Streaming

Stick der, [ßtick]. (Engl.) stick = Stab. Im technischen Bereich findet sich das Wort als Bestandteil von Begriffen wie USB-Stick (► Speichermedium) oder Streaming-Stick (► Streaming). Er bezeichnet keine Funktion, sondern weist lediglich auf das stabförmige Äußere hin.

Stylus der. (Latein.) stilus [stihlus] bezeichnet ursprünglich einen Stift (Griffel), mit dem die alten Römer Buchstaben in Wachstafeln geritzt haben. Im Technikbereich wird der Stylus auf Englisch [ßtajlas] ausgesprochen und auf Deutsch [stühlus]. Die korrekte deutsche Mehrzahl ist dann Styli. Dabei handelt es sich um einen Eingabestift, den man auf elektronischen Geräten mit Touchscreen (► Display) anstelle der Finger verwenden kann. Eine alternative Bezeichnung ist der **Touchpen** [tatsch-pen], von (engl.) touch = berühren und pen = Stift. Hochwertige Ausführungen verfügen über einen Akku und werden mittels ► Bluetooth mit einem geeigneten ► Smartphone oder ► Tablet verbunden. Sie haben dann zusätzliche Funktionen. So kann man z.B. wie bei einem echten Bleistift durch leichteres oder festeres Aufdrücken bzw. durch Schräghalten die Strichstärke bzw. -breite verändern.

Subdomain die, ► Internetadresse

Suchmaschine die. Im Grunde ist eine Suchmaschine ein (kostenloses) Programm zum Auffinden von ► Dokumenten, wofür man in ein Eingabefeld eines oder mehrere Stichwörter eintippt. Im allgemeinen Sprachgebrauch bezieht sich der Begriff Suchmaschine praktisch immer auf die Suche im Internet. Die bekannteste Suchmaschine ist ► Google, häufig genutzt wird auch Bing von ► Microsoft. Da allerdings beide nicht den besten Ruf als Datensammler haben, werden auch gerne sogenannte **alternative Suchmaschinen** eingesetzt, wie etwa **DuckDuckGo** [dackdackgou] oder **Startpage** [ßtahrtpäjdsch], die versprechen, die Aktivitäten der Nutzer im Internet nicht nachzuverfolgen. Um eine Suchmaschine zu verwenden, kann man ihre ► Internetadresse in den ► Browser eintippen. Mittlerweile sind einige gängige Suchmaschinen schon standardmäßig in die Browser integriert und man kann die Suchanfrage direkt in die Adresszeile eintippen. In den Browser-Einstellungen legt man die bevorzugte Suchmaschine fest. Auf den meisten ► Smartphones mit ► Android ist die Google-Suche bereits vorinstalliert. Die Anbieter von Suchmaschinen setzen sogenannte Webcrawler [webbkrohla] ein. Das ist eine Art Internetroboter (► Bot). (Engl.) crawler bedeutet Kriechtier. Diese Roboter „kriechen" durchs Netz, werten die einzelnen ► Internetseiten aus und legen ein Verzeichnis an, um eine schnelle und zielgenaue Suche zu ermöglichen. Dieses Verzeichnis wird in bestimmten Abständen aktualisiert. Deshalb scheinen ganz neue Internetseiten nicht sofort in der Suche auf bzw. werden gelöschte Seiten noch für einen bestimmten Zeitraum dort aufgelistet.

Suite
die, [ßwiht]. Auch im Englischen ist eine Suite ein großzügiges, aus mehreren Räumen bestehendes Hotelzimmer. Im Zusammenhang mit ► Software steht Suite allerdings für eine Sammlung aus mehreren Einzelprogrammen, die als Komplettpaket angeboten werden (siehe auch ► Bundle). Hier erfolgte also die Anlehnung an den musikalischen Begriff der Suite als Abfolge mehrerer zusamengehöriger Musikstücke.

Super-AMOLED
► Bildschirmtechnologie

Superuser
der, ► Root

Support
der, [ßappoat]. (Engl.) support bedeutet Hilfestellung, Unterstützung. Genau das ist auch gemeint, wenn man im technischen Bereich von Support spricht. Zugleich bezieht der Begriff aber auch die gesamte Abteilung eines Unternehmens mit ein, die für die Unterstützung der Kunden bei technischen Problemen zuständig ist. Man sagt also z.B.: „Ich brauche Support", aber genauso: „Ich wende mich an den Support."

surfen
[ßöafn]. (Engl.) surf the internet [ßöaf de internet] bedeutet das wahllose Aufrufen von ► Internetseiten im ► Browser. Auch hierzulande ist das Surfen im ► Internet beliebt.

Switch der, ► Hub

symmetrische Verschlüsselung die, ► Verschlüsselung

sync [ßink]. Kurzform von (engl.) sychronisation [ßinkronaj-säjschen] = Synchronisation bzw. [ßinkronajs] = synchronisieren (► Synchronisation).

Synchronisation die. Der (zeitnahe) Abgleich von Daten, damit diese auf zwei oder mehreren Geräten immer auf demselben Stand sind. So kann man z.B. Kalendereinträge oder Kontaktdaten auf Computer und ► Smartphone **synchronisieren** (auch: synchron halten). Die Synchronisation kann aber auch bei ► E-Mail-Konten oder bei den diversen Programmen eines ► Office-Pakets zum Einsatz kommen. Dadurch kann man beispielsweise auf einem Gerät einen Text zu schreiben beginnen und später auf einem anderen Gerät daran weiterarbeiten. Die Synchronisation erfolgt in der Regel kabellos über ein Heimnetzwerk (► Netzwerk) oder über eine ► Cloud im ► Internet.

synchronisieren ► Synchronisation

Systemabbild das. Auch: das **Image**, von (engl.) image [imidsch] = Bild, Abbild. Ein Systemabbild ist ein erweitertes ► Backup. Dabei werden nicht nur die wichtigsten Daten gesichert, sondern es handelt sich um eine 1:1-Kopie der ► Festplatte. Sollte ein Festplattentausch notwendig oder erwünscht sein, lässt sich das Systemabbild danach 1:1 zurückkopieren. Der Computer ist dann sofort wieder betriebsbereit und unterscheidet sich nicht vom Zustand davor. Das Systemabbild ist auch als **ISO-Datei** bekannt. Das Kürzel ISO (bei uns als Wort ausgesprochen), bezeichnet die Internationale Organisation für Normung (das „S" stand ursprünglich für Standardisierung).

Systemadministrator der, ► Administrator

Systempartition die, ► Partition

Tablet

das, [täblet]. Auch: der **Tablet-PC** [täblet-pe-tseh]. Von (engl.) tablet = Notizblock, Schreibtafel. Es handelt sich um kompakte, mobile Computer ohne Tastatur, die an große ► Smartphones erinnern. So wie dort erfolgen Bedienung und Eingabe über einen Touchscreen, also einen berührungsempfindlichen Bildschirm. Dies geschieht mit den Fingern oder einem speziellen Stift (► Stylus). In der Regel verbinden sich Tablets über ► WLAN mit dem Internet. Einzelne Modelle können, so wie die Smartphones, alternativ mit ► SIM-Karte betrieben werden und nutzen dann das ► mobile Internet. Telefonfunktion haben diese Tablets trotz SIM-Karte keine.

Tablet-PC

der, ► Tablet

Tag

das, [tägg]. Das englische Wort tag bedeutet Etikett und genau darum handelt es sich: Um ein digitales Etikett, mit dem man ► Dateien, ► Ordner, ► E-Mails etc. kennzeichnen kann, um sie später leichter wiederzufinden. Das (eingedeutschte) Zeitwort, das den Vorgang des Kennzeichnens beschreibt, lautet **taggen** [täggn], ist man damit fertig, dann sind die Ordner und Dateien **getaggt** [getäggt]. Man findet das Wort außerdem im Begriff ► Geotagging.

taggen

► Tag

Taktfrequenz

die. Die Taktfrequenz oder **Taktrate** des ► Prozessors ist ein wichtiger Faktor für sein Arbeitstempo und somit für die Geschwindigkeit des gesamten Geräts bei der Erledigung seiner Aufgaben. Sie besagt, wie viele Arbeitsschritte pro Sekunde durchgeführt werden. Die Maßeinheit für die Taktfrequenz ist **Gigahertz (GHz)**. Bei preisgünstigeren Computern für geringe Anforderungen (Büroprogramme) liegt die Taktfrequenz meist zwischen 1 und 2 GHz, bei den teureren und schnelleren Modellen sind es zwischen 2 und 3 GHz. Mehr ist für den Normalgebrauch nicht notwendig, statt in einen noch schnelleren Prozessor zu investieren, ist es besser, auf mehr ► Arbeitsspeicher und ► Prozessorkerne zu achten. Außerdem steigt mit der Taktfrequenz der Stromverbrauch.

Taktrate

die, ► Taktfrequenz

TAN die. Als Wort gesprochen. Abkürzung von Transaktionsnummer. TANs werden bei Bankgeschäften im ► Internet (Online-Banking) verwendet, z.B. als Bestätigung, dass man eine bereits angelegte Überweisung nun tatsächlich beauftragen möchte. Jede TAN kommt nur einmalig zum Einsatz und hat eine begrenzte zeitliche Gültigkeit. Es gibt mehrere Möglichkeiten, eine TAN zu erstellen, in der Regel kommt dabei heutzutage das ► Smartphone zum Einsatz.

TAR ► entpacken

Taskleiste die, [tahsk-]. Von (engl.) task = Aufgabe. Die Taskleiste erstreckt sich über den gesamten unteren Bildschirmrand eines ► Windows-Computers. In der Taskleiste befindet sich ganz links das Windows-Symbol, über das man Zugang zu der Programmliste und den Einstellungen erhält. Weiters sind im linken Bereich das Suchfeld, das Symbol für den Explorer (► Dateimanager) und ausgewählte Programmsymbole für den Schnellzugriff zu sehen. Der rechte Bereich der Taskleiste ist der Infobereich (auch: Info-Center). Er bietet u.a. eine Übersicht über Uhrzeit, Datum, Batteriestatus, Lautstärke, Internetverbindung, Systembenachrichtigungen sowie – nach Klick auf den nach oben zeigenden Pfeil – über die im Hintergrund laufenden Programme. Klicken Sie mit der rechten Maustaste auf einen freien Bereich der Taskleiste, bekommen Sie über die „Taskleisteneinstellungen" diverse Möglichkeiten angeboten, die Leiste individuell anzupassen.

Task-Manager der, [tahsk-mänädscher]. Die wörtliche Übersetzung wäre „Aufgabenverwalter", die korrekte deutsche Entsprechung ist aber der Prozessmanager. Allerdings wird auch bei uns meist der englische Begriff verwendet. Der Task-Manager ist ein Computerprogramm und seit Jahrzehnten fester Bestandteil des ► Betriebssystems ► Windows. Er bietet einen Überblick über die auf dem Computer laufenden Prozesse. Im Alltagsbetrieb ist er vor allem dann hilfreich, wenn ein Programm dauerhaft nicht mehr reagiert und man mithilfe des Task-Managers die Beendung erzwingen kann. Den Task-Manager ruft man mittels der Tastenkombination (► Shortcut) Strg+Alt+Entf auf oder man klickt mit der rechten Maustaste auf das Windows-Symbol links unten und wählt den entsprechenden Eintrag aus dem ► Menü aus.

Tastatur
die, ► Keyboard

Tastaturbelegung
die, ► Tastaturlayout

Tastaturkürzel
das, ► Shortcut

Tastaturlayout
das, [-läj-aut]. Alternative Bezeichnung: die **Tastaturbelegung**. Für die einheitliche Anordnung unserer lateinischen Buchstaben auf der Computertastatur existiert eine internationale Empfehlung. Diese lässt aber einen gewissen Spielraum für sprachliche Besonderheiten offen. Unter anderem werden einzelne Buchstaben in manchen Sprachen häufiger verwendet als andere. Wenn man nun von einem bestimmten Tastaturlayout spricht, so nimmt man als Bezeichnung die ersten sechs Buchstaben der obersten Reihe, beginnend von links. Demnach meint QWERTZ [kwerts] die deutschsprachige Belegung, QWERTY [kwerti] die englische und AZERTY [aserti] die französische. Beim Kauf von Computern via ► Online-Shop ist es ratsam darauf zu achten, welche Tastaturbelegung angegeben ist.

Tastenkombination
die, ► Shortcut

TB
das, ► Bit

TCP/IP
[tih-ßih-pih/aj-pih]. Die beiden Kürzel stehen für (engl.) Transmission Control Protocol [transmischn kontrohl proutokol] und Internet Protocol [internett proutokol]. Das englische Wort transmission bedeutet Übertragung. Ein ► Protokoll wiederum ist ein Regelwerk für die Kommunikation zwischen verschiedenen Geräten im ► Internet. Das TCP/IP-Verfahren dient dazu, dass die einzelnen Datenpakete, die übers Internet verschickt werden, gemeinsam beim Empfänger ankommen und dort wieder zu einem Ganzen zusammengesetzt werden (siehe auch ► IP-Adresse).

TeamViewer
► Remotezugang

teilen Auch: sharen [schäan]. Von (engl.) share [schäa] = teilen. Mittels Mausklick oder Fingertipp kann man in ► Sozialen Netzwerken eigene und fremde Beiträge auch seinen dortigen ► „Freunden" zugänglich machen, sie daran teilhaben lassen.

Telegram [telegrämm]. Ein in Russland entwickelter ► Instant Messenger, der als sicherere Alternative zu ► WhatsApp gilt. Telegram ist ► Open Source, die Tatsache, dass die ► Verschlüsselung zum Teil eine Eigenentwicklung und daher schwer zu beurteilen ist, wird allerdings kritisiert.

Terabyte das, ► Bit

Tethering das [teθering]. Von (engl.) tether = anbinden, anketten. Bezeichnet die verkabelte oder kabellose Verbindung zwischen einem ► Smartphone und einem zweiten Gerät, das über keinen eigenen Zugang zum ► Internet verfügt, wie z.B. ► Tablet oder Laptop (► PC). Tethering lässt sich über ► USB, ► Bluetooth oder ► WLAN einrichten. Das Smartphone stellt dem anderen Gerät dabei die Internetverbindung zur Verfügung. Heutige Smartphones sind allerdings meist als ► Hotspot eingerichtet, die mehreren Geräten zugleich einen kabellosen Zugang zum Internet ermöglichen.

Texterkennungssoftware die, ► OCR

Third-Level-Domain die, ► Internetadresse

Thread der, [θräd]. Der englische Begriff thread bedeutet Faden oder Strang und wurde auf die Kommunikation im Internet übertragen. Es handelt sich um einen Diskussionsfaden oder Gesprächsstrang, z.B. als Reaktion auf ein die Diskussion auslösendes ► Posting. Üblicherweise wird auch optisch sichtbar gemacht, dass die Beiträge eines Threads thematisch zusammengehören, etwa durch die Wiederholung der Überschrift, durch Einrückungen etc.

Threema

[θrihma]. Ein ► Instant Messenger eines Schweizer Anbieters. Er gilt im Hinblick auf den Datenschutz als sicherere Alternative zu ► WhatsApp. Threema steht laut Anbieter für End-to-End Encrypted Messaging Application (sinngemäß: Ende-zu-Ende-verschlüsselte Nachrichtenanwendung); abgekürzt: EEEMA. Zwecks leichterer Aussprache der drei „e" wurde daraus Threema, von (engl.) three = drei. (Mehr zum Stichwort Ende-zu-Ende-Verschlüsselung ► Verschlüsselung).

Thunderbird

[θanderböad]. Wörtlich: Donnervogel (ein urzeitlicher flugunfähiger Vogel). Der Name eines von der Firma ► Mozilla entwickelten ► E-Mail-Programms. Thunderbird ist ► Open Source und steht kostenlos zur Verfügung.

Thunderbolt

[θanderbohlt]. Das englische Wort für Blitzstrahl. Thunderbolt bezeichnet eine ► Schnittstelle, einen Computeranschluss für externe Geräte. Rein äußerlich gleicht er einem USB-C-Anschluss und ist auch mit diesem ► kompatibel. Technisch gesehen führt die aktuelle Version Thunderbolt 3 mehrere Schnittstellen in einem Anschluss zusammen und bietet eine hohe Übertragungsrate. Möglich ist etwa auch der gleichzeitige Anschluss von zwei hochauflösenden Bildschirmen. Wichtig: USB-Geräte der Version 3.1 funktionieren immer auch an Thunderbolt-3-Anschlüssen, mit dem typischen Blitzsymbol gekennzeichnete Thunderbolt-3-Geräte allerdings nicht an Anschlüssen, die „nur" USB 3.1 unterstützen. Grundsätzlich ist Thunderbolt den höherpreisigen Geräten vorbehalten. (Mehr zu den verschiedenen USB-Versionen finden Sie unter dem Stichwort ► USB).

TiB

das, ► Bit

TIFF/TIF

► RAW

TikTok

Ein vor allem von der Jugend stark genutztes ► Soziales Medium chinesischer Herkunft in Form einer ► App fürs ► Smartphone. Im Vordergrund stehen kurze, selbstgemachte Musik- und Tanzvideos. TikTok wird aber mittlerweile auch zur Verbreitung politischer Inhalte verwendet.

Timeline die, [tajmlajn]. Das englische Wort für **Zeitachse** begegnet einem im Computer- und Internetbereich immer wieder und zwar im Sinne eines **Aktivitätsverlaufs**. So etwa unter ► Windows 10, wo standardmäßig die Aktivitäten der vergangenen 30 Tage gespeichert werden. Aber auch Google zeichnet die Aktivitäten der ► Smartphone-Nutzer auf. Das reicht von den eingegebenen Suchbegriffen über die angesehenen Videos bis hin zu den Aufenthaltsorten. An sich ist die Aktivitätenverfolgung als Komfortfunktion für die Nutzer gedacht. Wer jedoch Bedenken hinsichtlich des Datenschutzes hat, muss diese Funktion in den Geräte- bzw. Kontoeinstellungen abschalten.

TKIP ► WLAN

TLS ► Verschlüsselung

Tolino ► E-Book-Reader

Tool das, [tuhl]. Von (engl.) tool = Werkzeug. Ein Tool oder Werkzeug ist ein (im Funktionsumfang beschränktes) Hilfsprogramm, mit dem man bestimmte Aufgaben oder Einstellungen am Computer einfacher durchführen kann, ohne dass man z.B. das „Einstellungen"-Menü öffnen muss.

Toolbar die, [tuhlbahr]. Werkzeugleiste. Von (engl.) tool = Werkzeug und bar = Balken, Leiste. Eine Toolbar ist eine zusätzliche Symbolleiste für den ► Browser, die meist ein Suchfeld enthält und diverse Funktions- und Informationsfelder. Manche Toolbars können praktisch sein, oft aber werden sie irrtümlich bei der Installation eines anderen Programms mitinstalliert, weil man übersehen hat, die entsprechende Option zu deaktiveren. Viele davon ändern die gewohnte ► Suchmaschine oder blenden Werbung ein. Auch ist die Wahrscheinlichkeit groß, dass sie den Browser langsamer machen. So gesehen sind Toolbars sogenannte ► PUP, das sind potenziell unerwünschte Programme. In der Regel ist es sinnvoller, auf die Installation einer Toolbar zu verzichten. Oft sind sie hartnäckig und lassen sich gar nicht so einfach wieder entfernen.

Top-Level-Domain die, ► Internetadresse

Tor Gesprochen wie geschrieben. Das Tor-Projekt und der dazugehörige Tor-Browser (► Browser) bieten eine kostenlose Möglichkeit der Anonymisierung im ► Internet, die deutlich über das hinausgeht, was etwa ein ► VPN-Dienst leisten kann. Das Prinzip dahinter ist die mehrfache ► Verschlüsselung sowie die Weiterleitung der Daten über ständig wechselnde Routen im Internet. Allerdings ist die Umsetzung auch deutlich anspruchsvoller. Tor ist eher als Option für Fortgeschrittene anzusehen, die eine nahezu vollständige Anonymität im Internet anstreben.

Touch-ID die, [tatsch-aj-dih]. Wörtlich: Berührungsidentifizierung. Von ► Apple verwendete Bezeichnung für das Entsperren von iPhone und iPad mittels Fingerabdruckerkennung.

Touchpad das, [tatschpäd]. Zusammengesetzt aus (engl.) touch = berühren und pad = Notizblock, Unterlage. Ein Touchpad ist ein platzsparender Ersatz für die Computermaus, der vor allem in Notebooks (► PC) eingebaut ist. Es handelt sich um eine berührungsempfindliche Fläche, die auf Fingerbewegungen und Antippen reagiert. Wie mit der Maus kann man damit z.B. den Pfeil auf dem Bildschirm steuern oder durch ► Internetseiten blättern (► scrollen).

Touchpen der, ► Stylus

Touchscreen der, ► Display

Tower der, ► PC

tracken ► Tracking

Tracker der, ► Tracking

Tracking das, [träcking]. (Engl.) tracker [träcka] = Fährtenleser, Verfolger. Das Zeitwort dazu ist tracken, also nachverfolgen. Als Tracking bezeichnet man zwei verwandte, aber doch unterschiedliche Dinge: 1.) Es ist die technische Möglichkeit, die Aktivitäten von Nutzern quer durchs ► Internet nachzuverfolgen. Die dazu notwendigen Elemente, die versteckt in

► Internetseiten eingebaut werden oder in Form von ► Cookies auf dem Computer abgelegt werden, heißen **Tracker**. So ergibt sich ein klares Bild der jeweiligen Interessen, aber auch von Geschlecht, Alter, Wohnort, politischer Einstellung etc. Auf dieser Basis kann dann sogenannte ► personalisierte Werbung eingeblendet werden. 2.) Vielfach ist das Tracking allerdings auch erwünscht; dann nämlich, wenn es um das Aufzeichnen der sportlichen Aktivitäten bzw. gesundheitsrelevanter Daten geht. Dies erfolgt mithilfe eines **Fitnesstrackers**. Das kann ein elektronisches Armband sein, welches man regelmäßig mit einer dazugehörigen ► App abgleicht, das kann aber auch eine ► Smartwatch sein, die über zusätzliche „intelligente" Funktionen verfügt und in der Regel auch genauer misst.

Transportverschlüsselung die, ► Verschlüsselung

Treiber der. Direkte Übersetzung des englischen Begriffs **driver** [drajwa], hier im Sinn von Antriebskraft, Antrieb. Korrekterweise müsste man von **Gerätetreiber** sprechen. Es handelt sich um ein im Hintergrund laufendes Programm zur Steuerung von internen oder externen ► Peripheriegeräten. Das kann ein ► Laufwerk sein, ein Drucker oder auch die Maus. Der Treiber vermittelt zwischen dem ► Betriebssystem und dem Gerät und leitet die Befehle weiter. Fehlt der Treiber oder ist er veraltet, dann kann das Betriebssystem das Gerät entweder gar nicht erkennen oder das Gerät funktioniert nicht so wie gewünscht.

Trojaner ► Schadsoftware

Troll der, [troll] im Deutschen, [trohl] im Englischen. Ein Troll ist in der Sprache des ► Internets eine Person, die durch den provokanten Inhalt ihrer Kommentare und ► Postings absichtlich den Kommunikationsablauf stört, etwa in einem ► Internetforum. Oft versuchen Trolle außerdem, Konflikte unter den anderen Teilnehmern der Kommunikation zu schüren. Die Beweggründe für das **Trollen** sind unterschiedlich: Erregen von Aufmerksamkeit, Langeweile, Rache etc. Ein gängiger Spruch im Internet lautet: „Do not feed the trolls" [du not fihd de trohls] = „Füttert die Trolle nicht". Das bedeutet: Die beste Reaktion auf den Beitrag einen Trolls ist, ihm kein „Futter" für weitere unpassende Kommentare zu geben, ihn zu ignorieren, ihn im Rahmen der Kommunikation quasi verhungern zu lassen.

trollen ► Troll

Tuner der, ► Receiver

Tunnel der, ► VPN

Tweet der, ► Posting

Twitter ► Soziale Medien

TXT Eine ► Dateiendung, die auf dem Computer erstellte Textdokumente kennzeichnet, die lediglich Buchstaben, Zahlen und Zeichen, aber keine Formatierungen beinhalten (siehe ► Formatierung, Definition 2). Für Privatanwender bringt es in der Regel keine Vorteile, reine Textdokumente zu verwenden.

Übertragungsrate die, ► Datenübertragungsrate

UEFI das, ► BIOS

UHD ► Auflösung

UI die oder das, ► Benutzeroberfläche

Ultrabook das, ► PC

Ultra HD ► Auflösung

UMTS ► Mobilfunkstandard

Underscore [anda-ßkohr]. Das englische Wort für den Unterstrich (auch: Tiefstrich). Dieser diente früher überall dort als Ersatz für das Leerzeichen, wo ein solches nicht erlaubt war, etwa in Dateinamen oder in E-Mail-Adressen.

Bei den Dateinamen ist diese Beschränkung mittlerweile gefallen, der Unterstrich wird hier manchmal noch verwendet, um zusammengehörende Begriffe optisch zu verbinden (z.B. Unterstrich_Beispiel.docx). Bei den E-Mail-Adressen erfüllt er – neben anderen möglichen Zeichen – weiterhin seinen ursprünglichen Zweck als Platzhalter, weil es dort immer noch keine Leerzeichen geben darf: Martina_Meier@beispiel.at.

Unicode ► ASCII

Unterordner der, ► Ordner

Update das, [appdäjt]. Unter einem Update versteht man die Aktualisierung eines Programms oder einer ► App, um Fehler (► Bug) oder Sicherheitsrisiken zu beheben oder zusätzliche Funktionen hinzuzufügen. Die ► Software wird also auf den aktuellen Stand gebracht, deshalb stecken auch die englischen Wörter up = hinauf und date = Datum darin. Davon unterschieden wird das **Upgrade** [appgräjd]. Hierbei handelt es sich um eine stark überarbeitete, neue Version der gleichen Software. Sie wird quasi um einen Grad (= grade) höhergestuft. In der Praxis kommt es allerdings sogar vonseiten der Anbieter immer wieder zu einer Vermischung der beiden Begriffe.

Upgrade das, ► Update

Upload der, ► Download

Uploadgeschwindigkeit die, ► Datenübertragungsrate

Upscaling das, ► skalieren

URL die, ► Internetadresse

USB Deutsch und in Einzelbuchstaben gesprochen. Abkürzung von (engl.) Universal Serial Bus [juniwöasl ßihriäl bass] = Universeller Serieller Bus. Eines der am weitesten verbreiteten Bussysteme (► Bus) im Computerbereich. USB dient dem Anschluss externer Geräte (► Festplatte, USB-Stick, ► Scanner, Drucker etc.), und zwar nicht nur zur Datenübertragung, sondern auch (und manchmal ausschließlich) zur Stromversorgung. Leider ist es im Laufe der Jahre zu einem Wildwuchs bei den Stecker- und Buchsenformen gekommen. Wir zählen nur die bekanntesten auf: Bei Computern ist der flache, rechteckige Typ A Standard, bei anderen größeren Geräten findet man oft den sechseckigen Typ B. Bei kleineren Geräten sowie ► Smartphones dominierten lange Zeit **Mini-USB** bzw. **Micro-USB**. Im Streben nach Vereinheitlichung wurde mittlerweile USB Typ C, kurz: **USB-C** entwickelt. Hier sind Stecker und Buchsen nicht nur klein und flach, es gibt nun auch keine vorgeschriebene Steckrichtung mehr. Neben der äußeren Bauform spielt auch eine Rolle, welcher USB-Generation ein Gerät bzw. Buchse und Stecker angehören. Dies beeinflusst unter anderem die Geschwindigkeit der Datenübertragung. USB 1.1 [-eins-eins] ist die älteste Generation, USB 2.0 [-zwei-null] war lange Zeit am weitesten verbreitet, wird aber sukzessive durch USB 3.0 abgelöst. Wobei USB 3.0 selbst mittlerweile durch das schnellere USB 3.1 (Generation/Gen 1) ersetzt wurde. Diese USB-Generationen sind jedenfalls untereinander ► kompatibel, die Geschwindigkeit wird aber immer durch die älteste beteiligte Generation bestimmt. Zum Einsatz kommen hier die klassischen Stecker und Buchsen. Nun kommt wieder USB-C ins Spiel. Dieses beschreibt ja zunächst lediglich die äußere Form des Steckers bzw. des Anschlusses. An USB-Generationen werden USB 2.0, USB 3.1 (Gen 1) und auch USB 3.1 (Gen 2) unterstützt. Zumindest theoretisch, denn nur weil ein Gerät einen USB-C-Anschluss hat, heißt es noch lange nicht, dass es auch eine schnelle Datenübertragung bietet. Vor allem bei preisgünstigeren Geräten kann sich hinter USB-C auch die althergebrachte USB-Generation 2.0 verbergen. Auf jeden Fall ist es wichtig, sich beim Kauf von Geräten und Kabeln genau zu informieren, was tatsächlich dahintersteckt. Bitte beachten Sie im Zusammenhang mit USB-C auch den Lexikonbeitrag zum Stichwort ► Thunderbolt.

USB-C ► USB

USB-Stick der, ► Speichermedium

User der, [juhser]. Das englische Wort für Nutzer, Benutzer. Wird im Computerbereich auch im Deutschen häufig verwendet. Gemeint ist sowohl eine Person, die ein Gerät verwendet, als auch der Inhaber eines ► Benutzerkontos.

Useraccount der oder das, ► Benutzerkonto

User Interface das, ► Benutzeroberfläche

Username der, ► Benutzerkonto

V

VDSL ► Festnetz-Internet

Verknüpfung die. Eine Verknüpfung ist am Computer ein Querverweis auf ein Programm, einen ► Ordner oder eine ► Datei, die sich an einer anderen Stelle befinden. Gängig sind vor allem Verknüpfungen am ► Desktop. Ein Klick auf das entsprechende Symbol führt dann ohne Umwege zum Ziel. Verknüpfungen kann man selbst anlegen, indem man z.B. mit der rechten Maustaste auf ein Ordnersymbol klickt und danach „Senden an" und „Desktop (Verknüpfung erstellen)" auswählt.

Verschlüsselung die. Der Versuch, unter Ausschluss Dritter sicher zu kommunizieren, ist nicht neu, nur die Kommunikationsmittel und -kanäle haben sich im Laufe der Jahrhunderte geändert und mit ihnen die verwendeten Verschlüsselungstechnologien. Dabei muss man unterscheiden, ob gesendete Daten nur während der Übertragung abgesichert sind = **Transportverschlüsselung**, oder ob bereits der Absender den Inhalt der Nachricht unlesbar gemacht hat (= Ende-zu-Ende-Verschlüsselung, siehe unten). Die Transportverschlüsselung ist bei der Übertragung von ► E-Mails ebenso Standard wie im Internet. Eindeutig erkennbar ist sie, wenn im ► Browser vor der ► Internetadresse das Kürzel **https** statt lediglich ► http steht („s" = sicher). Zusätzlich oder alternativ ist ein Vorhängeschloss-Symbol mit geschlossenem Bügel zu sehen. Dringt man in die Einstellungen vor, begegnet man auch Begriffen wie **SSL** oder **TLS** (beide deutsch und in Einzelbuchstaben gesprochen). SSL steht für Secure Sockets Layer, TLS für Transport Layer Security, aber tatsächlich wird man höchstens mit den Abkürzungen konfrontiert. Wenden wir uns der Verschlüsselung der Nachrichten selbst zu. Mit der **Kryptologie** gibt es eine eigene Wissenschaft, die sich damit befasst, bzw. konkret ein Teilgebiet dieser Wissenschaft, nämlich die **Kryptografie**. Hier geht es in der Regel darum, für jeden lesbaren **Klartext** (z.B. den Text einer ► E-Mail) in eine „Geheimschrift" umzuwandeln, die nur noch der Absender und der Empfänger lesen können. Auf der einen Seite wird verschlüsselt, auf der anderen wieder **entschlüsselt**. Es handelt sich dabei um eine **Ende-zu-Ende-Verschlüsselung**, die direkt auf den beiden beteiligten Geräten stattfindet. Da der Aufwand für die Einrichtung einer solchen Ende-zu-Ende-Verschlüsselung aber relativ groß ist und es mindestens zwei aktiv Beteiligte geben muss (Sender und Empfänger), damit sie überhaupt funktioniert, hat sie sich bisher nicht großflächig durchgesetzt. An Sicherheitsvorkehrungen gibt es daher meist nur die oben erwähnte Transportverschlüsselung seitens der Anbieter. Verschlüsselungsverfahren benötigen jedenfalls einen geheimen **Schlüssel**, englisch: key [kih]. Das war früher z.B. ein System, bei dem jeweils ein bestimmtes Zeichen einem Buchstaben zugeordnet war. Wer das System kannte, konnte Texte ver- und entschlüsseln. Das Prinzip ist gleich geblieben, Ausgangspunkt ist jedoch ein persönliches ► Passwort. Auf dessen Basis wird durch computergestützte Berechnungen (die sogenannte **Hashfunktion** [häsch-]) der Schlüssel erstellt. Bei ihm handelt sich um eine zufällige Zeichenkette, den sogenannten **Hashwert** (engl. hash = zerkleinern). Je länger diese Zeichenkette ist, desto schwieriger wird es, die Verschlüsselung zu knacken. Als aktuell sicherster Standard gilt die **256-Bit-Verschlüsselung**, die ältere **128-Bit-Verschlüsselung** ist noch akzeptabel. Mit der angegebenen Zahl vervielfacht sich jeweils die Länge und Komplexität des Schlüssels. Unterschieden wird weiters zwischen symmetrischer und asymmetrischer Verschlüsselung. Bei der **symmetrischen Verschlüsselung** dient derselbe Schlüssel zum Ver- und Enschlüsseln. Der Schlüssel muss allen Beteiligten bekannt sein und muss streng geheim gehalten werden. Symmetrische Verschlüsselung kommt aber auch zum Einsatz, um z.B. Daten auf einem ► Cloud-Speicher zu verschlüsseln. Hier wird oft das weit verbreitete AES-Verfahren eingesetzt. Bei der **asymmetrischen Verschlüsselung** existieren zwei Schlüssel: Der **öffentliche Schlüssel** (**Public Key** [pablick kih]) dient zum Verschlüsseln und ist offen zugänglich, der jeweilige Empfänger besitzt aber auch noch einen **privaten Schlüssel** (**Private Key** [prajwätt kih]), der ausschließlich ihm bekannt ist. Nur damit ist das Entschlüsseln der Nachricht möglich. Man spricht auch vom **Public-Key-Verfahren**. Die englischen Begriffe für Verschlüsselung und **Entschlüsselung** lauten **encryption** [enkrippschän] und **decryption** [dikrippschän], die Zeitwörter dazu **encrypt** [enkrippt] und **decrypt** [dikrippt]. Mit gleicher Bedeutung existieren bei uns die aus dem Französischen stammenden Wörter chiffrieren und dechiffrieren [de-schiffrieren]. Informationen zur WLAN-Verschlüsselung finden Sie unter dem Stichwort ► WLAN.

Verschlüsselungstrojaner der, ► Schadsoftware

Verzeichnis das, ► Ordner

VGA Ein recht alter ► analoger Standard zum Anschluss von Bildschirmen oder ► Beamern an den Computer. Aber auch bei TV-Geräten waren VGA-Anschlüsse häufig zu finden. Bei preisgünstigen Geräten ist VGA immer noch im Einsatz.

Videochat der, ► Chat

Videoclip der, [wideoklipp]. Das englische Wort Clip steht an sich für einen Ausschnitt aus einem längeren Film. Seit dem Aufkommen von Videoplattformen (► Portal) wie ► YouTube ist damit meist ein nur wenige Minuten dauerndes Video gemeint.

Video on Demand [wideo on dimahnd]. Kurz: **VoD**. Wörtlich: Video auf Abruf. Gemeint ist die Möglichkeit, ein (meist kostenpflichtiges) Filmangebot über das ► Internet zu konsumieren. Grundsätzlich gibt es in technischer Hinsicht zwei Varianten: Entweder man lädt den gewählten Film vorab auf die ► Festplatte von Computer, ► Tablet oder ► Smartphone herunter und schaut ihn dann ► offline, oder man konsumiert ihn ► online via ► Streaming.

Videoplattform die, ► Portal

Video-Podcast der, ► Podcast

Videoportal das, ► Portal

Videoprojektor der, ► Beamer

Video-RAM ► Grafikkarte

Videospeicher der, ► Grafikkarte

Videotelefonie die, ► Chat

Virenscanner der, ► Virenschutz

Virenschutz der. Auch: der **Antivirus**, das **Antivirenprogramm**. Ein Programm/eine App bzw. ein Programmpaket, das Computer und ► Smartphone vor diversen Bedrohungen schützt. Diese drohen aus dem Internet, über ► E-Mails oder durch die Weitergabe von Dateien. (Näheres zu den unterschiedlichen Arten von Bedrohungen finden Sie unter ► Schadsoftware.) Basis jedes Virenschutzes ist der **Virenscanner** [-ßkänner], von (engl.) scan = absuchen, abtasten. Er durchsucht den Computer, das E-Mail-Postfach und externe ► Speichermedien nach Viren, isoliert diese vom System und löscht sie auf Wunsch. Solche Virenscanner gibt es auch kostenlos. Virenscanner für Android-Smartphones (fürs iPhone von ► Apple gibt es keine) überprüfen in erster Linie ► Apps, die man installiert hat, auf ungewöhnliche Aktivitäten. Ein Plus an Funktionen bieten hier wie dort kostenpflichtige **Schutzpakete**. Deren zusätzliche Funktionen erhöhen die Sicherheit indirekt, indem sie Warnungen vor möglichen Bedrohungen aussprechen (z.B. beim Versuch, eine unbekannte ► Internetseite zu öffnen). Für Nutzer mit wenig Computer- und Interneterfahrung können sie daher sinnvoll sein, andernfalls genügt auch ein reiner Virenscanner. Das ► Betriebssystem ► Windows 10 ist von Haus aus mit einem im Großen und Ganzen brauchbaren Schutzpaket ausgestattet.

Virtual Reality ► virtuelle Realität

virtuell ▸ virtuelle Realität

virtuelle Maschine die. Eine virtuelle Maschine ist ▸ Software, die auf einem Computer einen weiteren Computer simuliert. Sie schafft ihre eigene, vom Gastsystem unabhängige Computerumgebung. Innerhalb der virtuellen Maschine können dann weitere, vom originalen System auch völlig verschiedene Betriebssysteme installiert werden, die jeweils wie selbstständige Computer funktionieren. Einer der Hauptanwendungsbereiche von virtuellen Maschinen ist die Nutzung von Programmen, die auf dem originalen System nicht funktionieren würden. Auch kann eine virtuelle Maschine zum Testen von Programmen verwendet werden, ohne dass die Sicherheit des originalen Systems dadurch gefährdet wird.

virtuelle Realität die. Von (engl.) virtual [wörtschuäl] = scheinbar (im Sinne einer vom Computer erzeugten, aber echt erscheinenden Wirklichkeit). Der englische Begriff dafür ist Virtual Reality [wörtschuäl riäliti]. Häufig sieht man auch die Abkürzung **VR** [wih-ahr], die aber meist deutsch ausgesprochen wird. Eine Zeit lang haben die Hersteller stark auf VR-Brillen gesetzt, welche einen z.B. tief in die Welt eines dreidimensional dargestellen Computerspiels eintauchen lassen. Der große Markterfolg ist bisher noch nicht eingetreten.

virtuelle Tastatur die. Andere Bezeichnung für **Bildschirmtastatur**. Gemeint ist eine Tastatur, die nicht als eigenes Gerät oder Gerätebauteil existiert, sondern lediglich auf dem Bildschirm eingeblendet wird. Bildschirmtastatur ist die Übersetzung des englischen Begriffs **on-screen-keyboard** [on-ßkrihn-kihboad], und auch die Bezeichnung virtual keyboard [wörtschuäl kihboad] existiert.

Virus der oder das, ▸ Schadsoftware

Vlog der oder das, ▸ Blog

Vlogger/ Vloggerin der/die, ▸ Blog

VoD ▸ Video on Demand

Voice over IP [wojß ouwa aj-pih]. Auch **VoIP** geschrieben. Wörtlich: „Stimme über Internetprotokoll" (► TCP/IP). Gemeint ist schlicht und einfach das Telefonieren über das ► Internet. Diese Techologie hat die herkömmliche Festnetztelefonie mittlerweile abgelöst. Anstelle von elektrischen Signalen werden nun Datenpakete übertragen.

VoIP ► Voice over IP

Vollbackup das, [-bäckapp]. Die folgenden Erklärungen verstehen sich als Ergänzung und Erweiterung des Lexikonbeitrags zum Thema ► Backup. Ein Backup kann man händisch durch einfaches Kopieren der Daten durchführen, man kann auf die im ► Betriebssystem verfügbaren Möglichkeiten zurückgreifen, oder man verwendet ein eigenes Backup-Programm. Dort hat man dann mehrere Optionen, in welcher Form bzw. in welchem Umfang die Backups erfolgen sollen. Am Anfang steht immer ein **Vollbackup**, das sämtliche wichtigen Daten enthält (nicht zu verwechseln mit dem weit umfassenderen ► Systemabbild). Im Prinzip kann man in der Folge weitere Vollbackups durchführen. Um Zeit und Speicherplatz zu sparen, wählt man allerdings meist zwischen differentiellen (das „t" in der Mitte wird als „z" gesprochen) und inkrementellen Backups. Beide speichern nur noch die aktuellen Änderungen. Der Unterschied: Beim **differentiellen Backup** sind es immer die Änderungen, die seit dem Vollbackup durchgeführt wurden. Die einzelnen Versionen der differentiellen Backups bleiben unabhängig voneinander erhalten. Beim **inkrementellen Backup** sind es immer die Änderungen, die seit dem vorangegangenen inkrementellen Backup durchgeführt wurden. Die einzelnen Backup-Versionen hängen hier wie Kettenglieder aneinander. Inkrementelle Backups sind besonders zeit- und platzsparend. Ist aber eines der Kettenglieder defekt, dann unterbricht es die Kette und man kann nur noch auf den zeitlich davor liegenden Teil der inkrementellen Backups zurückgreifen. Ist hingegen eines der differentiellen Backups defekt, so ist nur dieses eine betroffen, weil jedes Backup direkt ans Vollbackup angehängt ist. Der mögliche Datenverlust beim differentiellen Backup bleibt somit gering.

Voll-Duplex ► Duplex

Vorschussbetrug der, ► Internetkriminalität

VPN das. In Einzelbuchstaben gesprochen. Abkürzung von Virtuelles Privates ► Netzwerk. Eine VPN-Verbindung nutzt das ► Internet, errichtet aber parallel dazu eine von der Außenwelt abgeschottete private Verbindung, auch **Tunnel** genannt. Selbst an öffentlichen ► Hotspots ist so eine sichere Kommunikation möglich. Um ein eigenes VPN einzurichten nutzt man am besten das Programm bzw. die App eines VPN-Anbieters. Die Dienste sind, abgesehen von eventuellen Testphasen, kostenpflichtig. Achtung! Ein VPN erhöht die Sicherheit, bedeutet aber nicht, dass man deshalb anonym im Internet unterwegs ist (siehe dazu auch das Stichwort ► Tor).

VR ► virtuelle Realität

W

WAP ► WAP-Billing

WAP-Billing das, [uopp-billing]. **WAP** ist an sich eine veraltete Technologie. Es handelt sich um ein ► Protokoll aus der Zeit vor den ► Smartphones, als man ► Inhalte aus dem ► Internet auf die damaligen ► Handys bringen wollte. Heute trifft man es praktisch nur noch beim Bezahlen via Handyrechnung an, alternativ zu einer anderen Möglichkeit namens **Web-Billing** [webb-billing]. (Engl.) billing = Rechnungslegung, Abrechnung. Beim Web-Billing geben Sie einem Unternehmen Ihre Rufnummer bekannt, erhalten dann per ► SMS einen ► PIN-Code und geben diesen auf einer ► Internetseite ein, um den Vertragsabschluss zu bestätigen. Beim WAP-Billing müssen Sie nicht einmal mehr Ihre Rufnummer bekanntgeben, weil dieses System sie von der ► SIM-Karte auslesen kann. Das Problem ist, dass diese Verfahren von betrügerischen Unternehmen z.B. für Abofallen missbraucht werden. Schon ein Klick auf ein aufdringliches Werbefenster kann genügen, damit ein Vertrag abgeschlossen wird. Schützen kann man sich, indem man Web- und WAP-Billing durch den Mobilfunkanbieter deaktiveren lässt bzw. dies im persönlichen ► Benutzerkonto selbst erledigt.

Web das, ► Internet, ► World Wide Web

Web 2.0

das, [webb zwei-punkt-null] oder [webb zwei-null]. Im Computerbereich hat es sich schon früh eingebürgert, unterschiedliche Versionen von ► Software in der folgenden Form zu nummerieren: 1.0 steht für die allererste veröffentlichte Version, kleinere Aktualisierungen (► Update) und Fehlerbehebungen (► Bug) werden dann mit 1.1, 1.2, 1.3 etc. beziffert. Handelt es sich jedoch um eine stark überarbeitete, neue Version der gleichen Software (► Upgrade), dann bekommt sie die Nummer 2.0. Anfang der 2000er Jahre wurde der Begriff Web 2.0 geprägt, weil zu dieser Zeit die ersten ► Sozialen Medien aufkamen. Das ► Internet diente plötzlich nicht mehr dem reinen Konsumieren von Informationen, sondern die Nutzer bekamen die Möglichkeit, Inhalte selbst zu gestalten und mit anderen Nutzern zu teilen. Man sprach damals auch vom Mitmach-Internet. Web 2.0 sollte verdeutlichen, dass man damit quasi eine neue Version des Internets vor sich hatte. Beide Begriffe sind längst aus der Mode gekommen. Unabhängig davon wird der Zusatz 2.0 manchmal noch verwendet, um zu betonen, dass es sich bei der betreffenden Sache um eine verbesserte, wenn nicht gar die beste Version handelt. Orientiert an diesem Muster wurde Anfang der 2010er-Jahre der Begriff **Industrie 4.0** geprägt, wobei 4.0 für die Digitalisierung und Vernetzung der modernen industriellen Produktion steht, sozusagen des ► Internet der Dinge im Großen. Mittlerweile wird der Zusatz 4.0 in der gleichen Bedeutung auch für andere Wirtschafts- und Forschungsbereiche verwendet.

Web-Billing

das, ► WAP-Billing

Webcam

die, [webbkäm]. Wörtlich: Internetkamera, von (engl.) web = Netz (hier im Sinne von ► Internet) und camera [kämra]. Eine Webcam ist eine Kamera, die man als externes Gerät an einen Computer anschließt oder die bereits dort eingebaut ist und zur Übertragung von Videobildern, z.B. bei Unterhaltungen übers Internet (► Chat), dient. Auch die Frontkameras von ► Tablets und ► Smartphones erfüllen unter anderem die Funktion einer Webcam. Bei den Smartphones hat sich allerdings, dem hauptsächlichen Verwendungszweck entsprechend, die Bezeichnung Selfie-Kamera durchgesetzt (► Selfie). Über Kabel oder ► WLAN verbundene (externe) Webcams können auch zur Überwachung von Gebäuden oder des Straßenverkehrs eingesetzt werden. Im Internet sind eine Reihe von öffentlich aufrufbaren Webcams verfügbar.

Webclient der, ► E-Mail

Webcrawler der, ► Bot

Weblog der oder das, ► Blog

Webmail das, ► E-Mail

Webpage die, ► Internetseite

Webseite die, ► Internetseite

Webtool das, [webbtuhl]. Von (engl.) web = Netz (hier im Sinne von ► Internet) und tool = Werkzeug. Ein Webtool ist ein Programm, das man nicht auf dem eigenen Computer installieren muss, sondern das man über den ► Browser [brauser] aufrufen und nutzen kann. Man sagt daher auch **browserbasiertes Programm** oder **browserbasierte ► Anwendung** dazu. Voraussetzung für die Nutzung ist eine Internetverbindung.

Website die, ► Internetseite

Werbeblocker der. Der Begriff geht auf den Adblocker [ädblocka] zurück, von (engl.) ad (als Kurzform von advertisement [ädwöatisment]) = Werbung und block = vereiteln, blockieren. Ein Werbeblocker ist ein kleines Programm, meist eine ► Erweiterung für den ► Browser. Es ist in der Lage, einen Großteil der auf ► Internetseiten angezeigten Werbeeinblendungen zu unterdrücken. Einer der bekanntesten Werbeblocker ist Adblock Plus. Daneben gibt es auch sogenannte datenschutzorientierte Werbeblocker wie Ghostery [gousteri] oder uBlock Origin [jublock oridschinn]. Sie blockieren neben der Werbung auch die Nachverfolgung der Internet-Aktivitäten (► Tracking).

Werkzeug das, ► Tool

WEP ► WLAN

WG ► Fwd

WhatsApp ► Instant Messenger, ► Soziale Medien (inkl. Namensherkunft)

Whistleblower der, [wissl-bloua]. Wörtlich: Pfeifenbläser. Ein Whistleblower ist im Englischen wie im Deutschen ein Aufdecker, ein Enthüller, der Missstände an die Öffentlichkeit bringt. Der Begriff existiert bereits seit Jahrzehnten, wurde aber erst aufgrund von einigen im ► Internet aufgedeckten Skandalen bei uns populär.

Whitelist die, [uajtlist] bzw. dem Deutschen angenähert [wajtlist]. Weiße Liste, Positivliste. In Programmen, die eine ► Filterfunktion bieten (z.B. ► Werbeblocker, ► E-Mail-Client), kann man z.B. einzelne ► Internetadressen oder E-Mail-Absender gezielt in die Whitelist eintragen, damit sie unter keinen Umständen blockiert werden. Das Gegenteil davon ist die ► Blacklist.

Widget das, [widschett]. Der Begriff ist (vermutlich) zusammengesetzt aus (engl.) window [windou] = Fenster und gadget [gädschett] = technische Spielerei. Ein Widget ist ein kleines, auf dem Startbildschirm eines ► Smartphones befindliches Fenster, in dem der Nutzer z.B. über die aktuelle Wetterlage oder über kürzlich erhaltene Nachrichten informiert wird. Manche Widgets sind bereits vorinstalliert, weitere kann man nachträglich individuell hinzufügen. In der Regel ist jedes Widget mit einer ► App verknüpft. Diese muss man aber dank Widget nicht extra öffnen, um an die grundlegenden Informationen zu kommen.

wiederherstellen ► Backup

WiFi ► WLAN

WiFi-Direct [waj-faj-dajrect] bzw. eingedeutscht [wihfi-direkt]. Eine in viele ► Smartphones mit ► Android integrierte Funktion. Sie ermöglicht die kabellose Übertragung von Daten (z.B. Fotos) zwischen zwei in der Nähe befindlichen Geräten ohne Nutzung einer externen ► Internetverbindung. Die

Geräte nehmen dabei direkt miteinander Kontakt auf und bauen dabei ihr eigenes ► WLAN-Netz auf. Technisch nicht ganz identisch, aber hinsichtlich der Funktion mit WiFi-Direct vergleichbar, ist **AirDrop** von ► Apple. Als Alternative zu WiFi-Direct hat ► Google mittlerweile die Funktion **Nearby Share** [niabaj schäa] vorgestellt.

Wikipedia [wikipedja]. Der Name ist zusammengesetzt aus hawaiianisch wiki = schnell und der englischen Form des Begriffs Enzyklopädie (= ein umfangreiches Nachschlagewerk mit vielfältigen Themenbereichen, das in seiner Ausführlichkeit weit über ein reines Lexikon oder Wörterbuch hinausgeht). Wikipedia ist eine 2001 gegründete, kostenlos nutzbare Online-Enzyklopädie (► online), die in zahlreichen Sprachen vorliegt und deren Artikel von vielen freiwilligen Autorinnen und Autoren erstellt werden. Entsprechend unterschiedlich sind allerdings auch Qualität und Zuverlässigkeit der einzelnen Beiträge, es kann niemals ausgeschlossen werden, dass manche Informationen schlichtweg falsch oder im Sinne einer bestimmten Weltanschauung formuliert wurden.

Willhaben Österreichischer Online-Marktplatz (► online), vergleichbar mit einem Flohmarkt, wo (vorwiegend) Privatpersonen kaufen und verkaufen.

Windows [windous]. Das Computer-Betriebssystem (► Betriebssystem) der Firma ► Microsoft. (Engl.) windows = **Fenster** in der Mehrzahl. Beschrieben wird damit eines der Charakteristika dieses Betriebssystems, nämlich gleichzeitig verschiedene Programmfenster auf dem Bildschirm anzeigen und mit diesen auf einfache Weise arbeiten zu können. Zugleich verweist der Name auf die Anfangszeiten der Computertechnologie für Privatanwender. Ursprünglich war Windows nämlich nicht das Betriebssystem selbst, sondern es war die grafische ► Benutzeroberfläche des Betriebssystems **DOS** (als Wort gesprochen), für: Disk Operating System [disk operäjting ßistemm] = Festplattenbetriebssystem. Mithilfe der Fenster konnte man die davor notwendige Eingabe schriftlicher Befehle umgehen und die Computertechnologie auch weniger geübten Nutzern zugänglich machen.

Windows-Explorer der, ► Dateimanager

Windows-PC der, ► PC

wireless [uajaless] bzw. dem Deutschen angenähert [wajaless] = drahtlos, kabellos.

Wireless Access Point der, ► Access Point

Wischgeste die, ► Gestensteuerung

WLAN das, [wehlahn]. Alternative Schreibweisen: Wlan, WLan, W-Lan. Alternative Bezeichnung: **WiFi** [waj-faj] bzw. im Deutschen üblicher [wihfi]. Alternative Schreibweisen: Wi-Fi, Wifi. WiFi ist lediglich ein Kunstwort und ist eigentlich der Name eines internationalen Firmenzusammenschlusses, der um einheitliche Standards für sämtliche WLAN-tauglichen Geräte bemüht ist. WLAN selbst steht für **Wireless Local Area Network** [uajaless loukäl ärea nettwöak] = drahtloses lokales ► Netzwerk, im privaten Bereich auch als **Heimnetzwerk** bekannt (vergleiche auch ► LAN). Ein WLAN wird mithilfe eines ► Routers eingerichtet, der via Kabel mit dem Internetanschluss in Haus oder Wohnung verbunden wird. (Bitte beachten Sie auch die Lexikoneinträge ► Repeater und ► Mesh-WLAN.) Ab hier lesen Sie vertiefende Informationen zum Stichwort WLAN: Jedes WLAN sollte einen individuellen Namen tragen, damit man es unter anderen Netzwerken in der Umgebung eindeutig identifizieren kann. Dieser Name wird als der **SSID** [es-es-aj-dih] oder auch der ESSID [ih-es-es-aj-dih] bezeichnet und ist öffentlich sichtbar. Das heißt, er wird in den Einstellungen von allen WLAN-tauglichen Geräten angezeigt, die sich gerade in der Nähe befinden. Möglicherweise begegnet Ihnen auch die Zahl **802.11** mit ein oder zwei Buchstaben dahinter (z.B. b, g, n oder ac). Es handelt sich um verschiedene Versionen der **IEEE 802.11**. Das ist eine Norm zur Vereinheitlichung von Funknetzen. 2018 erfolgte eine Umbenennung. Statt 802.11 plus Buchstaben wird nun der Begriff Wi-Fi mit einer Zahl dahinter verwendet (z.B. Wi-Fi 4, Wi-Fi 5). Sofern Ihnen Ihre Geräte eine Auswahlmöglichkeit bietet, sollten Sie immer die Version mit der höchsten Zahl verwenden. Moderne Router und Geräte beherrschen übrigens häufig zwei verschiedene Sendefrequenzen: **2,4** und **5 GHz**

(= **Gigahertz**). Die Frequenz 2,4 GHz ist Standard. Sie hat eine hohe Reichweite, ist aber auch anfälliger für Störungen von außen (z.B. durch Schnurlostelefone, Bluetoothverbindungen, Mikrowellengeräte). Die Frequenz 5 GHz ist stabiler und störungsfreier, hat aber einer geringere Reichweite. Am besten probieren Sie zwecks Vergleich beide Frequenzen aus. Mit den folgenden Begriffen werden Sie meist nur einmalig, nämlich bei der Einrichtung Ihres Heimnetzwerks konfrontiert. Sie werden deutsch und in Einzelbuchstaben ausgesprochen. Jedes WLAN sollte mit einem ► Passwort gesichert und verschlüsselt sein. Es gibt das veraltete Verschlüsselungsverfahren **WEP**, das Sie möglichst meiden sollten. Und es gibt **WPA**, das neuere **WPA2** und das ganz aktuelle WPA3. WPA3 ist erste Wahl, sofern die beteiligten Geräte es unterstützen, ist aber noch nicht weit verbreitet. Deshalb wird WPA2 bis auf Weiteres die passende Option sein. Konkret sollten Sie in den Einstellungen Ihres Routers folgende Kombinationen vorfinden: WPA-PSK/TKIP und WPA2-PSK/AES. **TKIP** bzw. **AES** garantieren im Zusammenspiel mit **PSK** die korrekte Verschlüsselung. PSK bedeutet, dass Sie selbst ein individuelles Passwort vergeben können, auf dessen Basis die Verschlüsselung erfolgt. Meist ist es möglich, im Router WPA und WPA2 (oder WPA2/WPA3) parallel zu aktivieren. Dies sollten Sie auch tun, um eine möglichst hohe ► Kompatibilität mit anderen Geräten zu erreichen. Allgemeines zum Thema ► Verschlüsselung finden Sie unter dem gleichnamigen Lexikoneintrag.

WLAN-Adresse die, ► MAC-Adresse

Word [wöad]. Bedeutet schlicht und einfach Wort. Word ist das Schreibprogramm (auch: Textverarbeitungsprogramm) von ► Microsoft, enthalten im ► Office-Paket. In Word erstellte ► Dokumente sind an der ► Dateiendung **DOCx** (in älteren Versionen **DOC**) erkennbar.

World Wide Web das, [wöarld wajd webb]. Kurz: **WWW** = weltweites Netz. Umgangssprachlich ist damit immer das ► Internet gemeint.

WPA/WPA2 ► WLAN

Wurm der, ► Schadsoftware

WWW das, ► World Wide Web

WYSIWYG [wisiwig]. Abkürzung von (engl.) What You See Is What You Get [wot ju ßih is wot juh gett] = „Was du siehst, das bekommst du auch". Dahinter steht das Prinzip der einfachen Bedienbarkeit von Programmen über eine grafische ► Benutzeroberfläche. Hat man ein Programm, das dem WYSIWYG-Prinzip folgt, kann man z.B. mittels vorgegebener Bausteine eine eigene ► Internetseite zusammenstellen, ohne dass man dafür Kenntnisse im Programmieren (► Programmiersprache) haben muss. Man sieht dabei jederzeit, wie die Seite im Internet aussehen wird.

X

x Abgeleitet vom Gebrauch in der Mathematik, wird der Buchstabe x dort, wo es mehrere, aufeinander aufbauende Versionen desselben Produkts gibt, als Platzhalter verwendet. Das können beispielsweise Softwareversionen sein (► Web 2.0) oder ► DSL, der Übertragungsstandard fürs ► Festnetz-Internet. Das x ist hier aber keine Unbekannte, es steht für bereits existierende Versionszahlen oder -buchstaben. 1.x steht also z.B. stellvertretend für 1.0, 1.1., 1.2, 1.3 etc., so wie xDSL für ADSL bzw. VDSL steht.

xDSL ► Festnetz-Internet

XLS/XLSx ► Excel

Y

YouTube [juhtuhb]. Von (engl.) you = du und tube = Röhre, hier im Sinne der Bildröhre der früheren TV-Geräte. YouTube ist ein zu ► Google gehörendes ► Videoportal mit einer bunten Mischung aus privaten und kommerziellen Videos aus allen Bereichen der Information und Unterhaltung. Ein großer Teil des Angebots ist kostenlos nutzbar – mit und ohne ► Benutzerkonto –, wird aber von Werbung unterbrochen. Wer selber Videos hochladen möchte, muss sich auf jeden Fall anmelden. Ergänzt wird das Angebot durch einen (kostenpflichtigen) Musikstreamingdienst (► Streaming).

Zeilensprungverfahren das, ► 1080i/1080p

Zeitachse die, ► Timeline

Zertifikat das. Im ► Internet spielen sogenannte digitale Zertifikate oder **Sicherheitszertifikate** im Zusammenhang mit der ► Verschlüsselung eine große Rolle. Das Zertifikat hat eine zeitlich begrenzte Gültigkeit und bestätigt die Identität des Inhabers. Das kann eine Privatperson ebenso sein wie eine Firma. Es gibt weltweit eine handvoll Institutionen, die solche Zertifikate (kostenpflichtig) ausstellen (= Zertifizierungsstellen). Am häufigsten begegnet man Zertifikaten im Computeralltag im ► Browser, vor allem dann, wenn eine Warnmeldung erscheint, dass es mit dem Zertifikat der ► Internetseite ein Problem gibt und sie deshalb sicherheitshalber nicht geöffnet wird. In diesem Fall sollte man sich das Zertifikat näher ansehen und z.B. prüfen, ob die aufgerufene Internetadresse und jene Adresse, für die das Zertifikat ausgestellt wurde, übereinstimmen, oder ob das Zertifikat abgelaufen ist. Im Fall von Privatpersonen oder Vereinen, die sich ein kostenpflichtiges Zertifikat oft nicht leisten können oder wollen, ist es in der Regel kein Problem, die Seite trotzdem zu öffnen. Verdächtig ist die Sache dann, wenn es sich um eine Internetseite handelt, auf der Sie persönliche Daten eingeben müssen. Probleme mit dem Zertifikat könnten darauf hinweisen, dass die Seite gefälscht ist.

ZIP ► entpacken

zippen ► entzippen

Zoll der, ► Displaydiagonale

Zwei-Faktor-Authentifizierung die. Eine zusätzliche Maßnahme zur Absicherung eines ► Benutzerkontos gegen den Zugriff von Unbefugten. Die Anmeldung mit Benutzernamen und Passwort ist im Internet Standard. Um Benutzerkonten noch besser vor Missbrauch zu schützen, haben einige Anbieter einen weiteren, meist optionalen Schritt eingeschoben. Die Rede ist von der Zwei-Faktor-Authentifizierung, auch: **Zwei-Wege-Authentifizierung**,

Zwei-Schritt-Verifizierung, zweistufige Überprüfung, Bestätigung in zwei Schritten. Hier zählt die Kombination aus Benutzernamen und Passwort als erster Schritt der Anmeldung beim Benutzerkonto. Als zweiter Schritt folgt die aktive Bestätigung Ihrerseits, dass Sie tatsächlich gerade im Begriff sind, sich bei Ihrem Konto anzumelden. Dies geschieht durch die Übermittlung einer Geheimnummer (► PIN) an Sie, die Sie dann händisch eingeben müssen. Die Zusendung der PIN erfolgt beispielsweise per SMS, ► E-Mail oder ► Push-Benachrichtigung an eine von Ihnen bekannt gegebene Telefonnummer, E-Mail-Adresse oder ein Gerät, auf dem Sie mit Ihrem Benutzerkonto angemeldet sind. Weitere Möglichkeiten sind: ein automatisierter Anruf, bei dem Ihnen die PIN in Form einer Sprachnachricht mitgeteilt wird; die Nutzung einer ► Authenticator-App, welche ohne Mobilfunkverbindung auf Ihrem ► Smartphone eine PIN erzeugt; der Einsatz eines externen Sicherheitsschlüssels, quasi eine Authenticator-App in Form eines ► Sticks; oder die Nutzung Ihres eigenen ► Android-Smartphones als Sicherheitsschlüssel.

Zwei-Schritt-Verifizierung
die, ► Zwei-Faktor-Authentifizierung

Zwei-Wege-Authentifizierung
die, ► Zwei-Faktor-Authentifizierung

zweistufige Überprüfung
die, ► Zwei-Faktor-Authentifizierung

Zwischenablage
die. Das Konzept einer Zwischenablage ist praktisch in allen ► Betriebssystemen zu finden. Es handelt sich um einen Zwischenspeicher, in dem z.B. Textabschnitte, Bilder oder ganze ► Dateien vorübergehend abgelegt werden, damit man sie anschließend in ein anderes geöffnetes Programm einfügen oder an eine andere Stelle der ► Festplatte kopieren kann (siehe auch ► Copy & Paste).

Netzjargon. Das Internet hat seine eigene Sprache, bestehend aus Abkürzungen und Symbolen (► Emoticons). Hier ein paar Beispiele für diesen sogenannten Netzjargon.

AFAIK	As far as I know	Soweit ich weiß, soweit mir bekannt ist
AKA	Also known as	Auch bekannt als (im Sinn von alias oder vulgo)
ASAP	As soon als possible	So bald/rasch wie möglich
BFF	Best friends forever	Für immer beste Freunde
BTW	By the way	Übrigens
CU	See you	Wir sehen uns
FYI	For your information	Zu deiner/Ihrer Information
GLG	Ganz liebe Grüße	–
HDL	Hab dich lieb	–
IMHO	In my humble opinion	Meiner bescheidenen Meinung nach
IMO	In my opinion	Meiner Meinung nach
kA	Keine Ahnung	–
LG	Liebe Grüße	–
LOL	Laughing out loud	Laut auflachend (im Sinn von sich über etwas „abhauen")
MfG	Mit freundlichen Grüßen	–
OMG	Oh my God	Oh, mein Gott!
ROFL	Rolling on the floor laughing	Ich zerkugle mich vor Lachen.
Sry	Sorry	Es tut mir leid. Entschuldigung!
THX	Thanks	Danke!
:) :-)	–	Lachgesicht
;) ;-)	–	Fröhliches, scherzhaftes Zwinkern
:D	–	Lautes Lachen
XD xD	–	Lautes Lachen mit zusammengekniffenen Augen
:(:-(	–	Trauriges Gesicht
:-o :o	–	Staunen

100 Smartphone-Tipps

Mithilfe dieses Buches lernt man das Android-Smartphone besser kennen und nutzen. Es bietet Einblicke in bestimmte Funktionen, Einstellungen und Berechtigungen und enthält konkrete Anleitungen, was man tun kann, um zumindest eine Spur anonymer und sicherer unterwegs zu sein.

ISBN 978-3-99013-077-3
212 Seiten, Flexcover, € 19,90
www.konsument.at/100smartphonetipps

Android für Einsteiger, 3. Auflage

Dieses Buch hilft beim Einstieg in die Android-Welt: Erste Inbetriebnahme, Google-Konto anlegen, Abgleich von Kalender und Mails, Apps kaufen, konfigurieren und organisieren, Musik und Fotos verwalten, lesen und navigieren. Außerdem: Extrakapitel über Sicherheit, Datenschutz und Zubehör sowie viele Checklisten und bebilderte Workshops.

ISBN 978-3-99013-082-7
212 Seiten, Flexcover, € 19,90
www.konsument.at/android

Das Beste aus dem Internet, 5. Auflage

Unser Bestseller: Über 14.000 verkaufte Exemplare! Das Internet als unendliche Informationsquelle – das Buch hilft, im Web das Beste zu finden: Gratisprogramme, Reiseinformationen, Nachrichtenportale, Musikdownloads, soziale Netzwerke und über 1.800 Links!

ISBN 978-3-99013-048-3
280 Seiten, Flexcover, € 19,90
www.konsument.at/beste-internet

Weitere KONSUMENT-Bücher
im Buchhandel oder im Online-Shop auf www.konsument.at

Das österreichische Testmagazin

Ihr Ratgeber für den täglichen Einkauf.
Jeden Monat mit Tests, Reports und Analysen.
Ohne Inserate, deshalb unabhängig von Firmen.
Nur dem Leser verpflichtet.

Beratung & Konsumentenschutz

Wir beraten Sie vor und nach dem Kauf.
Und helfen Ihnen, zu Ihrem Recht zu kommen.
In **Musterprozessen** zeigen wir Missstände auf.
Besserer Konsumentenschutz ist das Ziel.

Test-Urteile

Test ist nicht gleich Test.
Nur Konsumentenschutzorganisationen wie der VKI
prüfen nach international anerkannten Standards.
Deshalb ist auf unsere Testergebnisse Verlass.
Strenge Qualitätsrichtlinien zeichnen unsere Arbeit aus.

Wir sind für Sie da

Aboservice
Für Fragen zu Ihrem KONSUMENT-Abonnement, für
Adressänderungen sowie für Buchbestellungen wählen Sie
Tel. 01 588 774 (Mo–Do 8–16 Uhr, Fr 8 – 14 Uhr)

Beratung
Die Experten unseres Beratungszentrums sind unter
Tel. 01 588 77-0 erreichbar (Mo – Do 9 – 13 Uhr)

Persönliche Beratung
Wien: Mariahilfer Straße 81, Tel. 01 588 77-0
(Terminvereinbarung, Mo und Mi 9 – 18 Uhr,
Di 9 – 16 Uhr, Kostenbeitrag 25 €)
Innsbruck: Maximilianstraße 9, Tel. 0512 58 68 78
(Mo – Do 8 – 12 Uhr)

Besuchen Sie uns im Internet **www.konsument.at | www.vki.at**